像亚马逊一样思考

成为数字时代领导者的 50½ 个方法

[美]约翰·罗斯曼（John Rossman） 著

陈召强 译

Think Like
amazon

50 ½ Ideas to Become a Digital Leader

中信出版集团 | 北京

图书在版编目（CIP）数据

像亚马逊一样思考：成为数字时代领导者的50½个方法 /（美）约翰·罗斯曼著；陈召强译 .-- 北京：中信出版社，2024.2
书名原文：THINK LIKE AMAZON: 50½ Ideas to Become a Digital Leader
ISBN 978-7-5217-6146-7

Ⅰ.①像… Ⅱ.①约… ②陈… Ⅲ.①电子商务—商业企业管理—经验—美国 Ⅳ.① F737.124.6

中国国家版本馆 CIP 数据核字（2023）第 221072 号

像亚马逊一样思考——成为数字时代领导者的50½个方法
著者：　　[美]约翰·罗斯曼
译者：　　陈召强
出版发行：中信出版集团股份有限公司
　　　　　（北京市朝阳区东三环北路 27 号嘉铭中心　邮编　100020）
承印者：　三河市中晟雅豪印务有限公司

开本：880 mm×1230 mm　1/32　　　印张：13　　　字数：256 千字
版次：2024 年 2 月第 1 版　　　　　印次：2024 年 2 月第 1 次印刷
京权图字：01-2020-0675　　　　　　书号：ISBN 978-7-5217-6146-7
定价：79.00 元

推荐语

在今天的商业格局中，你要么跟亚马逊竞争，要么寻找利用亚马逊的方法。无论你选择哪一种，最好先了解它的思维方式，因为这决定着它的运营模式。作为亚马逊创办初期的员工之一，我可以证明这本书绝对抓住了亚马逊与众不同的本质与毫不动摇的原则。

——柯克·比尔兹利（Kirk Beardsley），

诺德斯特龙数字业务执行副总裁、亚马逊前业务开发主管

利用这本书中提到的工具解决你的企业当下所面临的看似不可能的挑战，你的客户自然会用忠诚度和金钱来回报你。

——詹姆斯·汤姆森（James Thomson），

电子商务营销机构 Buy Box Experts 合伙人、亚马逊服务前负责人

这本书为创新者提供了一个强大的框架，助力他们驾驭当下的数字化颠覆与转型时代。无论你的组织是一人初创公司还是《财富》500 强企业，约翰·罗斯曼给出的这 50½ 个方法，都可以让高管及其团队重新思考他们的业务，强化客户至上理念，进而赢得数字时代的竞争。

——马克·贝尔托利尼（Mark Bertolini），

安泰公司前董事长兼首席执行官

阅读《像亚马逊一样思考》，就像是杰夫·贝佐斯给我提建议一样。这是很长一段时间以来我读过的最好的论述战略与战术的著作。

——埃里克·马丁内斯（Eric Martinez），莫德朱尔（Modjoul）

创始人兼首席执行官、美国国际集团前执行副总裁

罗斯曼分享了唯有与杰夫·贝佐斯近距离接触的亚马逊内部人士才能洞悉的深刻见解。从文化、战略、业务和技术层面讲，这本书都堪称引领组织在数字时代实现转型的"圣经"。《像亚马逊一样思考》是董事会成员、高管乃至全体员工值得一读的一本书。

——王瑞光（R "Ray" Wang），

战略咨询分析公司 Constellation Research 创始人兼董事长、

《颠覆性商业模式》作者

约翰·罗斯曼再一次将复杂的商业主题转化为简单、易于理解的叙事。在《像亚马逊一样思考》一书中，他从内部人士的视角，揭示了世界上最有代表性和最有价值的公司之一的核心运营原则，并将其转化为方便任何企业领导者运用的 50 条清晰的方法。他在这本书的最后邀请读者一起思考的那 ½ 个方法，或许最为有用。这无疑是一本切题、适时和易读的杰作。

——格雷格·加雷特（Gregg Garrett），战略转型顾问公司 CGS Advisors 首席执行官、大众北美公司首席战略官、《互联世界中的竞争》

（*Competing in the Connecting World*）作者

《像亚马逊一样思考》为那些面临跨越创新鸿沟这一挑战的公司提供了洞见。书中给出了一套具体的经过验证的方法，而亚马逊也一直采用这

套方法有效开展创新活动，抑制在抵抗变革的企业中不断增加的抗体。强烈推荐给那些想了解颠覆性技术及其如何通过正确的流程和策略来改变创新的人。

——迈克尔·J. T. 斯蒂普（Michael J. T. Steep），
斯坦福国际项目中心数字城市项目执行主任、
施乐帕洛阿尔托研究中心（Xerox PARC）前高级副总裁

这是一本启发灵感的、引人深思的书。它为我们提供了一个窗口，让我们一窥当今世界最伟大的公司之一和最伟大的企业领导者之一的奥秘。书中所讲的 50½ 个方法，为不懈追求完美的客户体验提供了宝贵见解。要知道，完美的客户体验是成为数字领导者的基石，也是成为颠覆者的基石——如果你不想被颠覆的话！

——迪克·海厄特（Dick Hyatt），
服务关系管理公司 Decisiv 创始人兼首席执行官

约翰·罗斯曼展现了他对杰夫·贝佐斯和亚马逊团队的深入了解：通过可重复的系统的方法，亚马逊成长为一家秉承客户至上理念的卓越公司，并在数字时代脱颖而出。在《像亚马逊一样思考》一书中，约翰提出企业领导者可以学习亚马逊领先的模式，并将所学知识运用到自己公司的数字化转型中。首要也是最重要的一点是，不要用旧的商业模式和过去的成功来定义未来的路线图。书中还强调了积极拥抱新思维的重要性——在当下高度颠覆和剧烈动荡的全球经济中，这是取得成功的关键。对所有想要推动企业在数字经济的下一个时代继续前进的技术和业务方面的高管来说，这都是一本可读之书。

——亨特·马勒（Hunter Muller），
数字平台 HMG Strategy 总裁兼首席执行官

约翰·罗斯曼将亚马逊非凡的流程转化为我们可以使用的策略，这无疑是一项非凡的成就。他在一章章的内容中提出了可行的清晰的方法，而我也记下了我需要立即"试验并采用"的方法。

——布伦丹·麦克谢夫里（Brendan McSheffrey），
咨询顾问公司 BMNT Partners 首席战略官

《像亚马逊一样思考》为我们提供了易于理解的可行方法，而这些方法对企业在数字经济中的运营、发展和获取客户至为重要。更重要的是，它们已经在亚马逊得到了验证，是具有普遍适用性的。

——贝丝·德温（Beth Devin），
花旗创投创新网络与新兴技术业务负责人

书中充满犀利的见解和简单而深刻的方法。约翰结合他的经验、专业知识和智慧，为我们这些不懈追求目标和无意加入乡村俱乐部的人提供了一本实用指南。

——内森·鲁宾逊（Nathan Robinson），领导力网络公司
（The Leadership Network）首席执行官

在《像亚马逊一样思考》一书中，约翰以内部人士的视角讲述了一个令人信服的领导力故事。高层定下的数字化基调对企业的未来发展至关重要，首席执行官和董事会成员可以从中学到很多。

——鲍勃·祖基斯（Bob Zukis），数字和网络风险管理公司
Digital Directors Network 首席执行官

约翰·罗斯曼持续探索新的方法和策略，以推动企业乃至整个行业的发

展。《像亚马逊一样思考》是一本可读之作。

——比尔·罗伯蒂（Bill Roberti），
布克兄弟前首席执行官、安迈企业咨询公司常务董事

《像亚马逊一样思考》应该被列入每一位创业者的书单，坦率地讲，也应该被列入每一位希望与时俱进的职场人士的书单。约翰直截了当而富有表现力地强调了在当今瞬息万变的环境中发展数字业务所必需的基本原则。

——斯科特·德鲁克（Scott Drucker），牙科医学博士、
牙科用品在线商城 Supply Clinic 联合创始人兼总裁

约翰·罗斯曼为当下的企业领导层提供了一本至关重要的读物，它尤其适合那些着眼于未来发展的人士。商业企业容易受外部环境变化的影响，只有那些拥有明确使命和清晰愿景的公司才能生存下来。罗斯曼并没有直接告诉读者该怎么做。相反，他抽丝剥茧，引导读者以不同的方式思考问题，进而引入客户至上的文化，并倡导以负责任的态度和主人翁精神去解决问题。

——查尔斯·R. 亨利（Charles R. Henry），美国退役少将、
美国国防合同管理局创始人兼前（第一）指挥官

目　录

第一部分

文　　化

第二部分

战　　略

第三部分

商业和技术

第四部分

方法和执行

推荐序
授人以渔

宁向东　清华大学经济管理学院教授

　　《像亚马逊一样思考》，是一本值得深入研读的书。它不仅探讨了亚马逊的一些管理方法，还引发我们去深入思考亚马逊的方法论。在我阅读这本书的过程中，来自关联性思考的收获，远远超出文本本身。它引人入胜，发人深省，这是我说它是本好书的主要理由。作为亚马逊管理经验的研究者，我非常愿意为这本书写推荐序，分享一点儿个人感受和浅见。

　　这本书的作者罗斯曼是亚马逊第三方平台业务前总监，书中很多事，他是亲历者。所以，亚马逊的管理原则由他结合具体事例诉诸笔端，有可信性，更有震撼力。

　　比如，亚马逊是一家"以人为本"的公司。这里的"以人为本"与我们通常理解的有所不同。按照贝佐斯的观念，优秀的人是公司最重要的基础设施，是公司发展的终极动力。这一点，在他的致股东信里，已经被表达得非常明确。在贝佐斯看来，能不能招到最优秀的人，能不能想方设法让这些人发挥作用，是亚马逊事业成功与否的关键。所以，亚马逊招人不仅标准高，而且程序上非常严格。但是"严格"到了什么程度，非相关人员往往无法体会。

有一次，我在清华的 EMBA（高级管理人员工商管理硕士）课堂上，讲了亚马逊的面试规矩，也讨论了这些规矩背后的逻辑。大家听后半信半疑。有人提问：设计这么复杂的招聘机制，花费大量的时间，究竟值不值得。碰巧，有一位同学曾求职于亚马逊，他自告奋勇，用亲身经历为我助阵，大家才觉得所言不虚。总之，亚马逊招聘新员工的制度不常见，机制设计也不同寻常。

罗斯曼在这本书中给我们提供了一个更加令人震撼的数字：他在加入亚马逊之前，一共接受了 23 次面试。我相信这个数字会让不少读者感到惊讶。因为惊讶，读者可能会多用一点儿心思，去思考这种招聘机制的道理所在。我说得俗一点儿，仅仅这一个收获，就值了买书的价钱。

我经常会对学生们讲，人的一生是短暂的，一定要选择自己喜爱的事业，要和一群优秀的人为伴，要在卓越的组织里工作。那么，怎么判断你是否处于一个卓越的组织之中呢？

我以为，判断的标准就是要感到"两个幸运"。

第一，你会为自己早来了几年而感到幸运。这是因为，能够持续进步、创造卓越的组织，它的用人标准一定是在逐渐提高的。假设你今天想加入这个组织，按照当下的标准，自己肯定没有机会，你之所以能身处其中，就是因为来得早，当时的入职标准低，那你会为此感到幸运。第二，任何优秀的组织，都会以某些方式淘汰那些不符合组织要求的人。而你仍然处在这个队伍之中，说明你过去和组织一起进步，你也会为此感到幸运。如果你能同时感受到这"两个幸运"，说明这是个好组织，值得待下去。

在罗斯曼的娓娓道来中，我更加坚信亚马逊就是能让优秀的人感受到"两个幸运"的地方。

历史上的每一家卓越企业，都会被后来者放到解剖台上解剖，放在显微镜下观察。解剖和观察是为了学习，为了把好的经验用在自己的商业实践中。罗斯曼负责过亚马逊商城等核心业务，现在，由他亲自操刀，对亚马逊的价值体系、思维方式和运营模式进行剖析，并把感悟分享给我们，让这本书格外有可信度、信息量和参考价值。罗斯曼的亲历者身份，拉近了我们和亚马逊的距离。同样的事情，由他写出来，就和一般的作者使用二手材料所写的，有着明显的不同。

罗斯曼根据自己的经历，把亚马逊的管理原则，分解为 50 个方法。由于他在离开亚马逊之后，一直从事管理顾问工作，我想，这些问题应该是他经常被问到的问题，也是他认为最值得分享答案的问题。这 50 个话题，每一个都独立成篇。这就把学习亚马逊经验这样一个大问题，变得更细节，更容易理解，更方便学习和借鉴。

罗斯曼这种按问题来解构亚马逊经验的写作方式，也与大多数同类图书有着明显的不同。这种切分问题的方式，保证每一个方法都只针对一个特定的问题，这就给我们提供了一种棱镜般的观察视角。而我们一旦进入这个视角，就会发现以往像平面一样的亚马逊经验，变得很有立体感。这种立体感有助于我们从更多的维度去理解亚马逊经验和贝佐斯的管理思维，理解每一个管理原则在整体中的地位、价值和意义，有助于深入思考使用这些方法的轻重缓急，以及如何处理不同管理环节的关系。这个过程，一定会促进我们的管理能力的提升。

招到最聪明的人，只是让事业发展有了一定基础，组织并不一定会被做大做强。比招人工作更重要的，是如何让这些优秀的人发挥作用，让这些人可以携手创造卓尔不群的业绩。书中的大量篇幅，都在对此进行讨论。这些讨论分散在不同的小标题下。我们需要把这些不同的章节，用自己的方式联系起来，以便看清全貌。

比如，亚马逊的管理模式中，有个很著名的"两个比萨团队"模式。按照贝佐斯的说法，团队要被控制在两个比萨可以吃饱的规模。在很多人的眼里，两个比萨团队的核心是团队规模要小。但正如这本书作者所讲，这种认识并不全面。团队固然要小而精，但更重要的是要让"小而精"的团队具有自主性、灵活性和效率。于是，这就要求整个组织在结构、战略管理和文化多方面有所配合。

关于这些内容的论述，分散在全书的不同地方，包括：在企业文化上，讨论了如何避免社交凝聚力的负面影响；在协同关系上，讨论了如何处理好自治与分离的关系；在运行上，讨论了如何打造高效流程、克服官僚主义。这些写在不同地方的相关内容，需要放在一起看。这就要跳着看，要擅于打破既有布局，把书先"读碎"，然后再把它们按照自己的理解联系起来。

此书虽然不算太厚，但它涉及的内容并不少，既有观念和原则的论述，也有具体做法的阐述，所以，阅读这本书，读者必须静下心来，坐得住。对这本书，只有反复阅读，源源不断的收获才会涌入头脑。到目前为止，我已经系统地读过几遍。第一遍是快速泛读，主要是为了把握全书概貌。从第二遍开始，我一边阅读，一边画图进行概念梳理。这些被梳理出来的线索，由于不断改动，线条越来越复杂，位置也会发生变化，于是就有了我前面所谓的立体感。

我理解罗斯曼为什么会这样写这本书。他以亚马逊第三方平台业务前总监的身份做着顾问的工作，亚马逊的方法论自然就会成为罗斯曼的主要工作依据。他常常要以某个小主题为线索，与客户和讲座听众进行交流，所以，用这样的方式对亚马逊的方法论进行梳理，是最高效的做法。我在阅读这本书的时候，就常常有一种恍惚感，仿佛罗斯曼坐在我的对面，以一个顾问的身份，结合问题讲解亚马逊理念。

我很喜欢这种写法，因为它更容易激发阅读者思考，让人即使在放下书本的时候，也会产生关联性的思考。前几天的一个夜晚，我在校园里穿行。那天的北京天气格外冷，白雪覆盖了清华园。但是，每一扇窗里都灯火通明，让人感受到房间内的"热火朝天"。我知道，每一个房间里都有人在辛勤地工作，那些人可能是一个研究团队，我不由得想到了这本书中关于两个比萨团队的讨论。

紧接着我又想到：顶级的创新企业，一定要把自己打造成顶级大学一样的组织。除了吸引到一流的人，它还要致力于把这些人像研究型大学一样组织起来做一流的探索；同时，让团队内部和团队之间都能形成更多的横向沟通链条，从而达成合作，取得协同效果。这也是亚马逊把自己打造成一个多层次平台组织的初衷。反过来，其实大学也要像这些一流企业学习，不仅要让每一个房间灯光明亮，还要把这些灯光连起来，创造一片灯火。

总之，阅读这本书，给我带来了很多启示。这些启示不局限于亚马逊，还涉及工作、生活的很多方面。也许正是因为这本书常常会引人深思，我觉得它更适合团队学习，因为相同的文字在不同的场景下由不同的人来阅读，容易催生多样的认识。不同的理解如果相互碰撞，可能会激发更多的感悟。正如作者所说，有助于读者各取所需，也有助于增强团队凝聚力。

当我第一次拿到这本书的时候，我一直在想："为什么是50½个方法？"那半个方法到底是什么？直到读完全书，我才知道罗斯曼所卖的关子。那半个方法就是要让我们自己去提问，然后利用亚马逊的思维方法，去尝试自己回答问题。所以，我想团队学习也许是领会那半个方法的捷径。管理能力从来不是教出来的，而是靠个人的独立思考和勇敢行动，自己探索出来的。

最后，作为推荐序，在褒奖之余，我也要说点儿"丑话"。

虽然这本书的英文版出版后广受好评，在全世界范围内都有一定的影响力，但它并没有提供可以用来复制的成功路线图。打造一家卓越的企业，是一个复杂的系统过程。在这个过程中，会有太多的因素施加影响，所以，不存在放之四海而皆准的成功套路，也没有什么固定的管理操作手册。虽然这本书在总结亚马逊管理经验方面是少见的好书，但你千万不要期待作者会提供什么移植亚马逊经验的万能方式。

另外，罗斯曼某些叙述略显隐晦，这正是由管理学的属性所决定的。由于存在着大量的隐性知识，所以，有些内容不容易用明了的文字来表达，甚至很难讲清楚。其实，我更喜欢这种具有哲学意味的内容。正是这些哲学意味，才让一本书变得有深度、不落俗套。

事实上，无论在哪个领域、哪个行业，要做到出类拔萃，当事者往往都是苦心孤诣的思考者。这种思考最初从"术"的层面出发，但渐渐地一定会进入"道"的层面，也就是充满哲学意味的思考层面。哲理通常是辩证的，也是隐晦的。它藏在文字的背后，我们需要反复阅读那些令人费解的文字，领略规律性的东西，同时通过联想得到意外收获。千万不要忽略这个过程，本质上这是一个自我修炼和自我提升的过程，也是读书的最高境界。

前　言
杰夫会怎么做？

20 世纪 90 年代，WWJD?——"What would Jesus do?"（耶稣会怎么做？）的首字母缩略词，开始出现在美国各地的汽车保险杠贴纸和 T 恤上。此后，又衍生了很多类似的问句。科学家问："达尔文会怎么做？"感恩而死摇滚乐队的"死忠粉"问："杰瑞·加西亚会怎么做？"整个概念走得太远，以至于我曾在一张小贴纸上看到这样一句话："阿蒂克斯·芬奇会怎么做？"总之，你明白是什么意思。

在过去的 5 年里，我的客户和前两本书的读者不断在问类似的问题："杰夫·贝佐斯会怎么做？"当然，在人们问"杰夫会怎么做"时，他们实际上是在问："'数字化'意味着什么？""我怎样才能不被颠覆？""亚马逊会开展这项业务或进军这个地区吗？""亚马逊是如何取得这些类型的成果的？""亚马逊有兴趣跟我合作吗？""亚马逊有兴趣收购我们公司吗？""我怎样才能打造像在亚马逊购物那样便捷的功能？"这方面的问题有数百个，但最终都可归结为："杰夫会怎么做？"

是什么让我觉得我可以回答这些问题？或者再进一步，是什么让我觉得我可以写一本书，概述 50½ 个方法，帮助你在数字时代赢得竞争？自 2005 年底离开亚马逊以来，我花了很多时间来回答客户的这类问题。客户来自各行各业，有着不同的目标，亦面对着不同的场景。但要回答"杰夫会怎么做"这个问题，真正的秘诀就是要认识到：在面对和迎接挑战时，在经营业务和运用技术时，在思考新的方法、市场和增长点时，杰夫·贝佐斯和亚马逊有一以贯之的办法。

换言之，在如何达成业绩以及思考业务方面，他们是有战术手册的，或者说有完整的信念和方法体系。如果你对此有所关注，你也可以做到像亚马逊一样思考。在《像亚马逊一样思考》一书中，各类场景和案例也许无法直接回答你的具体问题，但你可以借此了解杰夫的一般世界观，从而更好地将他的见解和原则应用到你自己的环境中。

最好的进攻之策是不断进攻

为什么《财富》1000 强中 80% 的企业未来 10 年里会被其

他企业取而代之？为什么"颠覆"是真正的威胁？在这里，我不妨用一个过于简单的答案来回答一个复杂的问题。首先，公司固守先前的思维、模式和方法；其次，变革是非常艰难的。"转型"这个概念听起来不错，但在现实中是难以捉摸的。通常情况下，这一组织和业务振兴的宏大理念倾向于具体化为短期的项目和干劲，而不是持久变革的创造或长期价值创造。

"公司的生命周期很短，有朝一日亚马逊也会被颠覆，"贝佐斯在 2013 年接受采访时说，"但我对此并不担心，因为我知道这是不可避免的。公司有兴有衰。即便是那些最耀眼、最重要的公司，几十年后也会成为历史，任何时代都不例外。我希望亚马逊比我活得更久。"[1]

唯有那些不拘泥于旧有模式和昔日成就的公司，才能拥有保持领先地位和定义下一个时代的潜力。它们能够度过动荡时期，并能在这些时期实现增长。培育和维持这种潜力需要世界一流的敏捷思维。因此，亚马逊并不靠现有业务的发展势头，尽管这些业务仍处于增长状态，也不靠盈利能力的提高，而是靠投资那些可能数年后都无法获得回报的项目。

亚马逊于 2018 年 6 月收购在线药房 PillPack，便是"不断进攻"的例子。PillPack 将客户的处方药按剂量进行分装，并提供送药上门服务。在药物分装和配送方面，PillPack 均采取了客户至上准则。如果你需要服用多种药物，但不想或能力受限而不能亲自去药房购买，那么 PillPack 是一个不错的选择。与其他药房相比，它在运营模式上做了极大改进。就目前而言，亚马逊并没有进入医疗保健市场的必要，但它还是迈出了较小的一步，把弄清楚该项业务以及如何利用 PillPack 的能力和美国各州的许可配送药物纳入公司的整体战略。当然，这个整体战略还包括其他很多领域和商业模式。未来，亚马逊或许会借此打造一家全食超市式的连锁药房。

为什么要像亚马逊一样思考？

亚马逊云科技（AWS）是全球最大的"按需"云计算公司，也是同类公司中的第一家。然而，这项业务并非源于亚马逊的颠覆性战略，尽管它颠覆了传统硬件和软件产业的采购、授权和管理模式。相反，它源于亚马逊自身的需求，即作为一家零售商，它需要扩展其计算基础设施。之后，公司才采取了这项颠覆市场的战略。

让我们来看一下具体的过程。在 2003 年的假日季，亚马逊网站的可靠性受到了挑战。要知道，这是一年中最繁忙和至关重要的时期。结果很糟。在艰难撑过那个假日季后，公司成立了一个工作组，着力解决网站的扩展和可靠性问题。该工作组决定对计算基础设施进行集中化管理。我们原本是要服务内部客户的，但之后发现内部客户没有苛刻要求，只有外部客户才会提出严苛要求。因此，公司高层下令改变计算基础设施，将其提供给外部开发者使用。很快，我们就了解到开发者非常喜欢"按需"功能。就这样，AWS 战略得以制定。

想一想时下亚马逊的整个业务分布：几乎涵盖所有类别产品的零售业务；商城；云计算；电影和电视节目制作；图书出版；智能扬声器；智能音箱 Echo、电子书阅读器 Kindle 和可视智能门铃 Ring 等设备；物流和供应链；食品杂货店；超过 80 个自有品牌；医疗保健；等等。亚马逊是一家大型企业集团，拥抱创业精神，奉行客户至上准则，且较少存在官僚主义问题，这些都是公司引以为傲的。上面所提的业务都有自己的外部客户，从概念上讲，它们也可以作为独立公司服务于亚马逊的其他部门，以及其他公司和客户。亚马逊之所以能够做到这一点且没有落入官僚主义的窠臼，主要是因为它的领导力准则……还有我们将要在本书中探讨的诸多方法。

当然，像亚马逊一样思考，并不仅仅是为了创新。这一切都是以狂热的世界一流的运营为支撑的。Relentless.com 是贝佐斯创业时注册的域名，时至今日，这个网址仍然会跳转至亚马逊网站。坚持不懈（域名中的"Relentless"）代表了亚马逊在追求卓越运营方面的态度。在咨询公司高德纳推出的全球供应链管理最佳企业榜单中，亚马逊名列其中，也是全球 5 家获得供应链大师称号的企业之一。按照高德纳的描述，亚马逊是一家"双模"（bimodal）供应链组织，在规模化运营和创新方面拥有独一无二的能力。2016 年，亚马逊在供应链技术方面就拥有了 80 项专利！[2]

拥有世界一流的运营能力和系统的创新能力，并对客户充满热情，这难道不是每一位首席执行官所渴望的吗？这就是为什么"像亚马逊一样思考"至关重要。

如何阅读本书？

在本书中，我提出了 50½ 个方法。就个人而言，我并不是大规模转型计划的坚定信仰者。数字化之旅关乎的不仅是公司的变革，还有个人的变革。你必须开启自己的旅程，认真思考这些变革，并培养新的习惯。与此同时，你还要有耐心和紧迫感。你必须做好充分准备，以便从自身和组织变革中获取最佳效益。

阅读《像亚马逊一样思考》的方式有很多。从头读到尾。跳跃式阅读。当作社论来读，必要时将书中方法传授给团队成员。当然，更好的方式是成立读书会，每周讨论其中的一个方法，用一年的时间来消化本书，进而提升团队凝聚力。或者在短时间内读完本书，然后就书中方法展开讨论，看看哪些是适用的。

最后，我希望本书能够被反复阅读，能够激发深层次的讨论，并碰撞出思想火花，能够帮助你及你的团队以一种新的方式参与竞争，并乐在其中。要记住，这是一本探讨方法的书，而不是一份关于战略或变革的总体规划。战略或变革取决于你的发展，这涉及利用你所处环境的独特因素（其限制条件和机遇）以及你所具备的才能和拥有的方法。

第一部分
文　化

Think Like
ama⬤on

50 ½ Ideas to Become a Digital Leader

重置时钟

旅程不会短，道路亦不平坦

> 彷徨者未必都迷失了方向。
>
> ——J. R. R. 托尔金

在第二总部的选址上，亚马逊采取了城市"竞争"策略，这除了让它获得宣传良机，登上世界各地媒体的新闻头条外，还有什么其他意义呢？亚马逊的这项被称为"HQ2"的计划，堪称商业史上最独特的提议之一。

我曾参加美国消费者新闻与商业频道（CNBC）的专题访谈，并就各候选城市的特点与其他两位嘉宾一同展开讨论。他们两人着重强调哪座城市对"自拍一代"更具吸引力，而我的着重点则是该举措全在于应对一项长期风险，即亚马逊聘用和留住世界一流的技术人才的风险。

公司总部迁址是有先例可循的。比如，波音于 2001 年把总部从西雅图迁到芝加哥。时间更近的是，通用电气把总部从康涅狄格州的费尔菲尔德迁到了马萨诸塞州的波士顿。没错，公司是会向各市乃至各州提出条件，寻求与新址的设立和就业机会的创造相关的税收优惠，但潜在的就业机会和透明的竞标过程从未像现在这样，在媒体的推动下达到了如此高潮。

不妨想一想：赢得亚马逊第二总部竞争的城市，所获得的价值将远超过从西雅图迁出的波音带给芝加哥的价值。HQ2计划承诺投资50亿美元，并提供多达5万个高薪工作岗位，预计会进一步推动当地经济增长，而中标城市也会直接获得数字技术领导者的地位。

> **方法 1**
>
> 如果你能以长远眼光、从战略角度来制订和评估相关计划，那么相比其他企业，你就会拥有更多的投资和"下注"机会。对企业所面临的长期风险和制约因素，要加以识别。唯有如此，你才有可能更早地解决它们，进而寻获战略杠杆。

那么，亚马逊试图解决的问题是什么呢？是它在西雅图的影响力让当地的一些派系日渐不满？是西雅图市与华盛顿州之间的紧张关系？是它对皮吉特湾的阴郁色彩越来越厌倦？它为什么要发起第二总部竞争活动？

"亚马逊寻找第二总部的真正动机是什么？"要回答这个问

题，首先要问一个更深层的问题：长期遏制或制约亚马逊增长的因素是什么。我相信亚马逊问过自己这个问题，而最佳答案想必是围绕着人才的招募和保留展开的，特别是世界一流的技术人才，也就是如何把他们吸引到西雅图，并留住他们。西雅图无疑是一个美丽的城市，但并不是所有人都适合在那里生活。从地理上讲，它与世界上的很多地方相距甚远，与欧洲大多数城市有 10 个小时的时差，也不是美国其他地区的中心。西雅图的生活成本飞涨。当地房地产新闻媒体 *NWREporter* 2017 年 3 月发布的一份报告显示，西雅图的住房中位价已经飙升至 77.7 万美元。[1] 简而言之，西雅图一套普通住房的价格较前一年高出约 10 万美元。

2015—2017 年，亚马逊的员工总数从 20 万出头激增至 54.1 万。[2] 亚马逊预计，华盛顿州的员工总数将会达到 4 万，其中 2.5 万名员工在西雅图总部工作。[3] 亚马逊希望维持甚至加快（让人倒吸一口气！）这一增长趋势。[4] 一方面要扩大招募的规模，并留住他们，另一方面要维持他们的高生活水准，对此，亚马逊会如何做呢？

遇到这种情况，大多数领导者和公司又会采取何种举措呢？有些领导者可能根本看不到自己所面临的长期风险，就像夜航中的"泰坦尼克号"看不到前方的冰山一样。很多领导者看到了这种长期风险，但最终保持沉默，谨言慎行，习惯于短期思维。为什么不把这个问题留给公司的下一任管理层呢？如果他们只执掌一家公司 5 到 10 年，为什么现在就急着解决这个问题呢？这需要付出成本，会受到负面宣传的困扰，会牵扯管理层的精力。在公司高管办公室和董事会会议室，这种问题司空见惯。

亚马逊领导力准则的第二条是主人翁精神，即亚马逊的领导者不会为了短期业绩而牺牲长期价值。第二总部计划展现的是一种长期思维，用一种可以带来很多其他利益的方式解决一个问题，而不是坐等潜在优势消失殆尽。亚马逊的领导者不会把事关企业长期发展的问题留待以后解决。

杰夫·贝佐斯是依照时间框架来评估事情的，而这个时间框架又是着眼于长期投资的。在某些情况下，这个"长期"是非常长的。众所周知，贝佐斯与恒今基金会关系密切，该基金会成员对当今社会上人们所持的日趋短视的理念和做法深感忧虑。在得克萨斯州西部地区贝佐斯所拥有的一片地产上，这个组织打造了一台机械万年钟，一年嘀嗒一次。表示世纪的指针每 100 年走一格，而在接下来的 10 000 年里，钟的咕咕声每 1 000 年出现一次。

不用说，杰夫很注重象征意义。这台万年钟象征着他的愿望——无论是一家公司、一种文化还是一个世界，都应高瞻远瞩：

亚马逊领导力准则

亚马逊有14条领导力准则。我在亚马逊工作时，这些准则还没有正式确立，但我们每天都谈论它们，并利用它们来进行决策。2005年底，我离开亚马逊。之后某个时候，这些领导力准则被正式编入公司文件。在亚马逊的扩张过程中，LP（公司内部对领导力准则的简称）扮演了关键角色，让公司在速度、责任、风险承担以及取得正确结果方面达到平衡。需要注意的是，你不能过于倚重任何一条而忽视其他，你要明智地一起使用它们。

1. 客户至上   2. 主人翁精神

3. 创新简化   4. 决策正确

5. 好奇求知   6. 选贤育能

7. 坚持最高标准   8. 远见卓识

9. 崇尚行动   10. 勤俭节约

11. 赢得信任   12. 刨根问底

13. 敢于谏言，服从大局   14. 达成业绩

资料来源：Amazon Jobs, https://www.amazon.jobs/en/principles。

如果你所做的每一件事都需要在 3 年内完成，那么你就得跟很多人竞争。但如果你愿意把期限拉长到 7 年，那么能跟你竞争的人就少之又少了，因为愿意这样做的人并不多。仅仅是把期限拉长，你就可以把精力投到你原本不可能追求的事业中去。在亚马逊，我们喜欢把项目期限设定为 5 到 7 年。我们愿意播下种子，等待它们成长——在这一点上，我们非常固执。[5]

迈向数字化

那么，怎样才能把这种方法应用于你的数字化战略以及数字时代的竞争？在回答这个问题之前，我们先问问自己："什么是数字化？"

在开展创新和推动数字化进程方面，大多数组织都面临着压力。"什么是数字化"这个问题也就成为我的很多演讲的主题。但"数字化"意味着什么呢？很多公司认为，这意味着投资移动体验、手持设备和电子商务。另一些公司认为，这与云计算、按需功能和应用程序接口（API）有关。虽然这些都是重要的赋能因素，但它们本身并不是数字化的真正含义。

进一步讲，数字化跟两种特性有关：速度和敏捷性——外对客户和市场，内对组织内部。更具体地说，数字化与新的商业模式、创新以及海量数据的采集和利用的速度和敏捷性有关。速度关乎非常精准的重复性运动，指极其高效和准确地朝着一个方向前进。对企业来说，卓越的规模化运营就相当于速度。另一方面，敏捷性是一种特性或技能，可感知关键的事实、指标和市场变化，并能据此迅速做出改变和调整。企业的创新是受敏捷性驱动的，这种敏捷性便是一种能力，即一种可以实现大大小小变革的能力。

亚马逊的基因就是由速度和敏捷性这两种特性定义的。但亚马逊是如何在运营和快速扩展世界级业务的同时，又能年复一年地以系统化的准则开展创新活动的呢？这种情况不是昙花一现，也绝非偶然。对大多数组织来说，其难度不亚于踩着溜冰鞋玩电锯。然而，亚马逊还是创造了世界一流的集速度和敏捷性于一体的体系，而它所依靠的就是本书所列出的以及它的领导力准则中阐明的很多方法。迈向数字化，意味着你的企业要打造这样的特性，并以一种不同的方式展开竞争。

着眼长远

在组织内培育速度和敏捷性不是一蹴而就的，也不是通过单一项目就能实现的。在这方面，你很难打造一个商业案例，并据此预测相关结果。可预测性难以保证。但你必须相信数据、技术和创新以及追求完美的变革力量，并将其应用于所有训练。

着眼长远是取得成功的关键。美国大多数企业一贯秉持的季度业绩思维，不仅是低效的，而且对自身文化是有害的。要解放思想。如果你认为数字化是一项短期动议，或者你认为你很快就可以看到成果和效益，那说明你并不了解你已开启的旅程，你也不会有耐心等它瓜熟蒂落，而且在此过程中也不会得到支持。

现在，就让我们从客户至上准则谈起，看看如何培育速度和敏捷性。毕竟，这是亚马逊的起点。

思考题：

1. 你所在的行业和公司面临哪些长期风险？

2. "数字化"对你而言意味着什么？

3. 这个定义是否已被高层共享，并被用于推动战略实施？

唯利是图还是使命驱动？

要有战略，要忠于使命，要有必胜的执念

人的灵魂之光一旦燃起，就没有什么是不可能的。

——让·德·拉封丹

在上一年级的时候，我有个朋友立志成为外科医生。注意，他是要成为外科医生，而不仅仅是一名医生。最终，他成功了。对他对自己的使命的坚定和明确，我一直都很羡慕。

若无与生俱来的明确路径，那你该如何产生热情，又该如何确立使命？这既是我向自己提出的问题，又是向领导者提出的问题。或许，我会告诉他们，领导艺术在于能够激发每一个人的热情，并基于每一个人的长处，想方设法建立一致的价值观，进而合力完成组织的使命。

> **方法 2**　如果你对事业和客户充满热情，那么即便遭遇艰难时期，你也会咬牙坚持下去。要持续传递使命。就大多数组织而言，这可以让多数"稍感兴趣"的员工活跃起来，进而推动他们全力以赴，实现企业的发展、胜利的取得和使命的达成。

当然，员工也会受其他优先事项的激励，比如追求个人爱好、获得影响力或实现财务稳定的能力。事实上，这些优先事项可能是很多商业模式获得成功的必要条件，也是很多人在事业上和生活中取得成功的必要条件。回顾我自己的职业生涯，我很清楚我是基于自身兴趣，通过如下三种方法提升业绩的：第一，效率，或者说开发流程，以实现成本的降低和质量的提高；第二，整合不同的流程、数据、体系和生态系统，打造无缝衔接的功能；第三，开发新的商业模式和功能，让企业以不同的方式参与竞争。

我曾经的同事把雇佣兵定义为"coin operated"（投币即发生作用的）。在他看来，雇佣兵唯一关心的就是赚钱。这个定义带有一定的负面含义。如果你想打造一种强有力的企业文化，那么你可能不会召集一群雇佣兵。

归根结底，财务回报和销售额是产出指标。作为领导者，你并不能直接控制它们，因为它们是你所做的其他很多事情的结果。你能够控制的是投入。要想在数字时代获胜，你必须与客户和用户建立并保持深层次的联系，因为这样你才能够获得见解。

　　平心而论，成功的主要衡量标准还是财务收益。在很多情况下，股东是喜欢雇佣兵的，因为雇佣兵团队可以让短期收益大幅上涨。因此，雇用唯利是图的员工未必是这个世界上最糟糕的事情。你要做的就是打造一个"混合体"。关键的一点就是，确保你的雇佣兵是"爱国者"。那么，什么是"爱国者"呢？

塑造"爱国者"

　　贝佐斯常说，使命驱动型团队可以打造出更好的产品。那太棒了，但使命驱动意味着什么呢？

　　据说，战争是靠爱国者而非雇佣兵打赢的。如果战争结果跟我们有利害关系，那么我们的作战方式就会有所不同。如果忠诚是基于某种个人因素强化的，那么我们的关注方式也会有所不同。把这种强化忠诚的个人因素同对客户的深切情感结合，当然很棒，但同其他因素结合起来，对事业的发展同样大有裨益。

　　事情是这样的：大多数员工起初并不是"爱国者"。一般来说，他们会对拥有这份工作心存感激，但对企业使命，他们只稍感兴趣，而且对这种使命往往认识不清。如果得不到激励，他们通常会耸耸肩，专注于把自己分内的工作做好，然后按部就班地领取定期发放的薪水。

作为领导者，你有责任把这些以自我为中心的雇佣兵转变成坚定的"爱国者"。那么，你该如何促成这种转变呢？也就是说，你怎样才能把这些稍感兴趣的员工转变成你所需要的热情洋溢的代表，从而使你的公司能够在数字时代赢得竞争？为此，你必须明确定义企业使命，并着力强调它的传承性和重要性，然后想方设法把这种使命同每一名员工紧密联系起来。

我在 2002 年初加入亚马逊，负责亚马逊商城业务的开发工作。如今，该业务平台拥有超过 300 万个卖家，商品销量占亚马逊全部商品销量的 50% 以上。不过，在我加入之前，"第三方"业务已经两遭败绩，而易贝的地位似乎无可撼动。亚马逊需要采取不同的策略，整个领导团队翘首以待，希望第三次行动能够获得成功。当然，在我上任时，有人对我持怀疑态度。没错，客户至上准则在亚马逊依然盛行，但我发现，公司内部对供货商非常冷漠。我感觉，卖家在这个组织眼中完全是三等公民。然而，就我们正打造的这项业务来说，要想取得成功，我们要依赖的恰恰是这些供货商。他们是这项业务的生命线。

亚马逊需要说服这些商家进行业务投资，以更好地服务亚马逊客户。我们要向他们推销那些卓越的工具和功能，而亚马逊之所以开发它们，是为了协助他们取得成功。我们要不遗余力地帮助他们，确保他们能够达到亚马逊的严格标准。简而言之，我们需要从头开始，建立一套商家至上的准则。

我先写下了这个愿景以及我对该愿景的理解，然后召开了几次全员会议，并强调"商家至上"准则是该项业务成功的关键。而且，我们真的很需要这项业务，当时的压力还是很大的。

打造商家平台需要各种各样的技术人员，包括专业技术人员、项目管理技术人员和业务技术人员。是的，我本可以（或许是"本应该"）坚持要求每一个人都必须以极大的热情去拥抱客户和卖家，但我不打算让"完美成为优秀的敌人"。如果我雇用的是有动力、有激情和有才干的人，我想我是可以管理好他们的，是可以让他们忠于使命的。作为领导者，与下属发展人际关系至关重要。我必须了解他们的个人爱好、长处和工作动力。找到他们个人与使命之间的独特联系，并引导他们去拥抱和传承使命，而这正是成功的关键。当然，这个过程没有终点，需要我在他们面前不断挥舞那面写着"商家至上"的使命旗帜，需要我时时刻刻提醒和激励他们，让他们知道我们正在做的是一项革命性事业，是一项可以改变世界的事业。

贝佐斯的观点

贝佐斯谈过建立一个忠于使命的、奉行客户至上准则的团队的必要性。坦率地讲，这是他的拿手戏之一，也是他常谈及的话题：

> 我坚信，忠于使命的人能够打造出更好的产品，因为他们操心的事情更多。对他们来说，这不仅仅是生意。在这个社会上，生意一定是有的，也一定是有意义的，但这并不是你付诸行动的原因。你之所以付诸行动，是因为你有一些有意义的东西激励着你。[1]

贝佐斯的观点很清晰，而且难以辩驳，但也存在不完整之处。说它不完整，是因为它没有解释企业或团队的使命要与个人的使命统一起来。再者，如果人们在进入一家企业时不认同该企业的使命，且不愿意改变自身立场，那么人员招聘或团队转型就会变得非常棘手。明确定义企业使命，并想方设法把该使命同员工的热情、兴趣和个人使命联系起来，同时在沟通和会议中向员工不断强调并灌输企业使命。这样一来，团队中就会有更多的人认同企业使命。

如果你能持续激发自己和你的团队的热情，不断强化宗旨意识，那么你就可以为客户打造出更好的产品、更好的体验和更好的业务，同时也将为始终保持创业第一天的状态夯实基础。

思考题：

1. 你的企业最推崇的使命是什么？

2. 这种使命是否已被定义并被不断传达？

3. 组织内是否有足够多的"爱国者"？

为重回创业第一天前进

改变安于现状的文化

> 痛苦只是一时的，而放弃则是永久的。
>
> ——兰斯·阿姆斯特朗

我是一个骑行爱好者。多年来，我骑着一辆公路自行车，在美国西北部太平洋沿岸的丘陵地带肆意穿行。1993 年，兰斯·阿姆斯特朗在挪威首都奥斯陆举办的世界自行车锦标赛中夺冠，就在他穿上彩虹衣的那一刻，我和妻子成为他的粉丝。这个时间早于他首次夺得环法自行车赛冠军的时间，也就是 1999 年。我们的大儿子于 1998 年出生，我们当时差点儿就给他取了兰斯的名字——谢天谢地，我们没有这样做。一想到"兰斯·罗斯曼"这个可怜的名字，我就不寒而栗。对孩子来说，这是一种多么黑暗而又复杂的传承，其原因仅仅是他的父母喜欢看自行车赛。

1999—2005 年，兰斯·阿姆斯特朗在环法自行车赛中连续 7

次夺得冠军，创下纪录。然而，在 2012 年，因被查出长期服用兴奋剂，他被罚终身禁赛，而此前获得的环法自行车赛冠军的头衔也被一并剥夺。最终，他自 1998 年以来取得的所有赛事成绩都作废了。

> **方法 3**　如果你的企业已经开始陷入增长停滞、面临同质化风险或裹足不前，那么就要承认现状，改变提问方式，并在沟通中展示决心。

我现在生活在加利福尼亚州南部，很多时间都花在了开车上。我喜欢听播客，总在上面寻找好的内容，也在不断学习新的知识。有一天，朋友向我推荐了兰斯·阿姆斯特朗的播客——"前进"。起初，我并不是很想听，但你猜怎么着，听了之后我真的喜欢上了。"前进"讲述的是拥抱过去、不畏前行的故事。无论你过去遭遇了什么，你还有自己的选择：如何面对和接受过去，以及如何书写未来的历史。如果你面临昔日荣光不复存在的风险，那么你可以选择屈从命运，放缓脚步，慢慢接受痛苦的现实，也可以重整旗鼓，走出一条崭新的人生道路。长话短说，大概就是这么一个意思。显然，这是阿姆斯特朗非常熟悉的主题。

阿姆斯特朗的播客采访非常精彩。他深入研究受访嘉宾的过去以及剖析他们的故事和他们是如何拥抱未来的。与此同时，他还以一种谦卑的态度坦陈自己复杂的过去。显然，这个播客对他来说也是一种自我救赎。

在检视自身的错误时，改正的第一步就是要做出实事求是的自我评估。成功的大公司也不例外。无论过去如何，无论成就如何，你所做的决定明确了你如何前进。这些决定可能是有意识做出的，也可能是无意识做出的，总之，决定是做出了。

贝佐斯概述了他的观点，即公司基本上可以分为两种：第一天公司和第二天公司。在 2016 年亚马逊致股东信中，他写道：

"杰夫，第二天公司是什么样的？"在最近召开的一次全员大会上，有人向我提出了这个问题。几十年来，我一直提醒人们现在仍是创业第一天。我在一栋名为"第一天"的亚马逊大楼内办公，后来换办公地点时，这个名称也被我带走了。我常常花时间思考这个话题。

第二天意味着停滞，然后事情变得无关紧要，之后就是走上令人备受折磨和深感痛苦的衰退之路，直至倒闭。这就是我们要时刻停留在创业第一天的原因。当然，这个衰退过程是极其缓慢的。对一家成立已久的公司来说，落入第二天的窠臼可能需要几十年，但无论如何，最终命运还是会到来。

"你如何抵御第二天？有什么技巧和策略？如何保持创

业第一天的活力，即使是在大的组织内？"这类问题都是我感兴趣的，不过它们不可能有简单的答案。这涉及很多要素和多条路径，当然也有很多陷阱。我无法给出完整的答案，但我知道一部分答案。下面是捍卫创业第一天的一些要领：坚持客户至上，对指标持怀疑态度，积极拥抱外部趋势，以及快速做出决策。[1]

对贝佐斯给出的这些要领，我很感兴趣，因为它们全是组织文化的要素。它们定义了我们的优先事项，也定义了我们如何协作。它们既不是财务目标，也不是市场目标。它们完全在领导者的掌控之中，而不是处于市场或竞争者的掌控之中。

杰夫专注于如何抵御第二天，而我感兴趣的问题是："如果你的公司已经成为第二天公司，你会怎么做？你如何改变进程？你会听天由命吗？如果答案是肯定的，那这是一种放弃吗？或者你会接受风险和痛苦，进而找出一条前进的道路吗？"

迈步向前

如果你的公司是一家第二天公司，那么本书就是写给你的！有目的地、耐心地运用书中的方法。托马斯·沃尔夫是错的，你可以还乡。①

以下是重回创业第一天的方法。

下定决心

就创新和革新而言，它们可以且应该发端于组织内外的任何地方，但只有领导团队和董事会才能制订具体而明确的行动计划。目标的达成需要你做出一些痛苦的决定。你也许明白这一点，只是不愿意付诸行动而已。

下定决心，尽早选择一条路径，然后发起革新行动。这或许意味着你要出售某项业务、更换领导者或承认业务渠道受到侵蚀的现实。

识别和认清坏消息

坏消息不会随着时间的推移而转变成好消息。成为第二天公司都有哪些征兆呢？通常而言，增长趋于放缓，服务和产品日渐同质化，错失新机遇的概率上升，客户的抱怨增多，等等。

你不仅要承认现状，还要担起责任。你要清楚你所坚信的是什么，以及你愿意做的是什么。在很大程度上，你依据个人意愿做出的承诺将决定可用的选项。认清坏消息，并把它视为过去。你要说："对目前这种状况，我们不能再接受了。我们有了新的使命，而且我们需要做得更好。"

---

① 托马斯·沃尔夫，作家，著有《无处还乡》(*You Can't Go Home Again*)。——译者注

亚马逊领导力准则第十一条是赢得信任，这意味着"要敢于进行自我批评，即便这样做会让自己尴尬和难堪。领导者不相信自己或他们团队的体味会像香水一样芬芳。他们是依照最佳领导者和最佳团队的标准来要求自己及其团队的"[2]。在业务或运营评估会上，首先要讲不足，比如"这是我们团队做得不好的地方"或"这是我们在业务或运营方面的失策之处"，然后列出指标，指出根本原因。接下来，就如何解决问题以及你需要何种协助展开讨论。从"坏消息"说起，便于领导者摆脱污名，但这需要勇气。

改变提问方式

问那些带有限制条件的问题，比如：怎么才能让我们的产品、服务或功能实现完全"自助"。问那些可以引发客户同理心的问题，比如：对我们的客户来说，最糟糕的一天是怎样的。问那些可以展现另外一种现实的问题，比如：怎样才能让我们的产品或服务实现全面"软件定义化"。

在梳理与这些问题相关的场景及潜在答案时，要有针对性，且要采取审慎的态度。对此，我们可以采用叙事报告（参见方法44）或未来新闻稿（参见方法45）的方法。

聚焦沟通目标

作为领导者，当你与你的团队、投资者、董事会或客户沟通时，要做出承诺，有的放矢。仅靠一则内部通知或一次会议及一份会议公告是无法促成改变的。你的优先事项、你的行动以及你的沟通，要始终与你的计划保持一致。沟通可以是预先计划的，也可以是临时安排的。

为你自己也为你的领导者准备好信息要点，并将这些信息要点纳入你以及他们所做的每一件事，然后不断重复。

从历史上看，那些试图扭转趋势、重塑自我的公司，以失败告终的居多。在改变企业命运方面取得极大成功的两个例子：一是苹果，二是近期的微软。这两家公司不仅实现了产品的转型，也实现了企业文化的转型。改变是艰难的，也是充满风险的，倒不如把它丢给下一任管理层，可能更简单一些。在不改变现状的情况下，你或许能安然度过数年的时间，但作为领导者，你能忍受你执掌的是一家第二天公司吗？

即便是亚马逊也在应对这个棘手问题。在《财富》1000强公司中，年营收超过 4 000 亿美元的仅有沃尔玛一家。从 5 年期的平均值来看，沃尔玛的年增长率不到 2%，而相比之下，亚马逊 2018 年的营收预计为 2 400 亿美元，年增长率更是高达 38%。就当时来看，几年之后——或许不用 3 年，亚马逊的年营收就会超过 4 000 亿美元。对这样一家规模庞大且高速增长的企业，该如何管理呢？亚马逊的领导者也在寻求答案，毕竟有这方面经验的领导团队并不多。但无论如何，他们都会一如既往地着眼于长远发展，致力于继续保持创业第一天的状态。

在亚马逊之外，贝佐斯还将许多相同的信念和价值观应用到他开创的慈善事业上，为客户擘画宏大愿景，助力他们重塑世界。成立于 2018 年 9 月的贝佐斯第一天基金重点关注两大领域：无家可归者和学前教育。"对驱动亚马逊发展的那套准则，我们将会照搬，而其中最重要的一条，就是真心实意的客户至上准则，"贝佐斯在推特上写道，"儿童将是我们的客户。"[3]

让公司始终保持创业第一天的状态并不容易。日子有好有坏，你会经历各种起伏，你会失去一些人才，你还必须沉迷其中。但不用担心，我们会在接下来的一章中就此展开讨论。

思考题：

1. 你有哪些不愿意正视的坏消息？

2. 你有哪些不愿意直接地、坦诚地处理的人事问题？

3. 你的公司是一家第二天公司吗？你是否更愿意维持现状？

痴迷创造不同
打造客户至上的理念

痴迷是天才也是疯狂的源泉。

——米歇尔·德·蒙田

　　亚哈船长是赫尔曼·麦尔维尔所著的《白鲸》中的主角，同时也是一个偏执狂，对那头咬掉了他一条腿的白鲸着了魔。他不仅是对它感兴趣，也不仅是被它吸引，甚至完全被它搞得神魂颠倒了。当亚哈决意除掉这个困扰他已久的猎物时，他是否把搜寻工作交给了他人呢？没有，绝对没有。"皮廓德号"捕鲸船上的船员以为他们只是在茫茫大海上捕杀抹香鲸，而不是去天涯海角追杀船长亚哈的宿敌。

　　亚哈也许不是领导者的典范。这位疯狂的船长终因自己的痴迷而走上了一条不归路，在与那头白鲸的搏斗中葬身海底。然而，说到痴迷——真正的痴迷，有时也很难弄清这是天才还是疯狂。

> **方法 4**
>
> 了解客户，并对客户抱持同理心和热情，是每一个人的职责所在。确保所有人都能清楚地认识到这一点。通过各种方法进行针对性训练，进而建立这种期望。对客户或其他主要利益相关方遇到的问题，要追根究底，不要委托他人去寻找根本原因。要了解客户体验的细节以及客户体验不佳的原因。

想必你遇到过那种对某一事物如痴如醉的人，比如痴迷于某项体育运动的人。在英文中，"fan"这个单词，实际上就是"fanatic"（狂热者）的缩写。对他们所痴迷的事物，你的反应是什么？他们给你的印象是什么样的——怪异、注意力不集中、反常、狂热还是让你难以理解？除了所痴迷的事物之外，他们还有真正关心的吗？他们的这种痴迷，甚至在你们之间制造了一些冲突。

虽然亚马逊领导力准则共14条，但首要的一条就是客户至上。难道"以客户为中心"或"倾听客户的心声"不够好吗？要想实现从优秀到卓越的跨越，要想从长远角度审视客户[1]，要想改变组织的内部文化，就需要这种对客户的痴迷，因为它会带来不同的见解。

首席客户官

"招聘启事：诚聘富有经验的高管，负责捍卫客户权益。应聘者必须擅长打破组织壁垒，有能力在实体渠道和数字渠道领域打造持久的客户至上理念。相关要求包括交际技能、创新精神、卓越的服务客户能力，以及数据驱动思维。"[2]

本着《疯狂杂志》永恒的精神，每当听到首席客户官（CCO）这个顺应最新管理趋势而出现的头衔时，我都会嗤之以鼻。不要误会。招聘启事中的描述以及应聘者所需的能力，都是非常重要的。但组织内的每一个人都担起首席客户官的责任，岂不更好？

首席客户官或许能帮助你的组织树立并加速贯彻客户至上这一理念，我对此表示赞赏。但同时我也担心，这样一个职位的设立可能会在组织内传递出一种截然相反的信号。如果每个人都认为服务客户是别人的事，那么团队中的大多数人就会退避三舍，摆出事不关己的态度。如果你要设立首席客户官，那么就要确保这个职位的首要任务是打造客户至上的文化，让组织内的每一个人都成为客户代言人。如果成功了，那么首席客户官也就没有存在的必要了。为什么？因为每个人都是客户至上的贯彻者。

让客户至上成为组织基因

有哪些不同的方法可以系统地树立和践行客户至上理念呢？以下是我个人的一些方法，权作抛砖引玉：

1. **利用指标来衡量客户体验**。设立指标，对客户体验的所有阶段进行衡量。关于指标，我们会在方法 31 中做更具体的讨论。对客户体验，要找方法进行衡量，而不仅仅是做调查。此举会带来创新。创造性地尽可能多地衡量客户体验，即便是非数字化体验。比如，你可以实时测量客户的等候时间。不要以"我们不是数字化企业或我们推出的不是数字化产品"为借口。

2. **制订客户心声计划**。制订客户心声计划，倾听客户心声，突出强调与客户相关的议题，同时将优先行动事项及工作安排给负责解决根本问题的团队。

3. **一切都要从描述"客户愉悦"开始**。无论是你的叙事报告、业绩、致股东信还是计划、策略和文件，首先要从切题的角度描述是什么让你的客户感到愉悦。如果你无法确定某件事对客户的影响，那么又何必花时间去做呢。

4. **走动管理**。拿出相当一部分时间，同你的销售和服务团队一起去感受客户的体验，并与你的合作伙伴联系，了解其一线人员的想法。不要过多依赖各种调查，因为它们并不会提供多少深刻见解。另外，也不要单纯依赖常见的指标，比如市场报告或其他总结性材料，因为它们通常只能证实你的观点。相反，你要证明自己所坚持的信念和观点是不正确的，你要知道在什么样的特定时刻，你会让客户感到失望，要尽可能多地收集有关情况的细节。作为一种实践方法，走动管理使管理者跳出象牙塔，花时间与客户打交道，在实际环境中研究业务。这样一来，他们不仅可以获得更好的见解，也更容易产生对客户的同理心，进而将客户至上理念贯彻到底。

客户满意不是终点

你希望每个人都能做到客户至上，从而达到提升客户满意度的目的。那样再好不过，用棒球术语来讲，我认为这是"一垒安打"。客户至上会带来卓越运营，关于这一点，我们将在方法22中进一步讨论。然而，客户至上的"本垒打"还有"全垒打"是建立在客户满意和卓越运营基础上的。"满垒全垒打"是创新，是商业模式的演变，激励你去开发和扩展超越当前的产品、服务和商业模式。

亚马逊打造一流物流的能力，并非源于它想成为一家供应链公司，而是源于它对客户体验的理解，即客户体验深受商品运送的灵活性、速度和质量的影响。亚马逊打造先进的云计算平台AWS，并非因为它想成为一家云技术公司，而是因为提升客户体验的需要，即通过提供可扩展的基础设施，为客户提供更好的在线体验。

客户至上会把你带往何处？提示：它不会让你跟白鲸一起沉入海底。不过，正如我们在下一章中发现的那样，船上有一个小亚哈也不是坏事。另外，我们还将讨论，一直表现得"友善"，对你的团队来说可能是一种负担。

思考题：

1. 如果你的组织奉行客户至上的价值观，那么会有什么不同？

2. 你的组织是否拥有全方位衡量客户体验的相关指标，即便是非数字化业务领域也不例外？

3. 在客户体验方面，你是否过于依赖调查报告、竞争情报和其他指标？

不搞一团和气
社交凝聚力影响重大业绩的达成

> 管理是正确地做事，而领导则是做正确的事。
>
> ——彼得·德鲁克

众所周知，亚马逊是一家对工作要求很高的企业。这并不是一个人人都可以去的地方。你可以用"积极主动"来形容这家公司：积极主动地追求成果，而且是正确的成果；积极主动地推动员工提高生产力，提升他们的业务水平，以便达到所在领域的最高标准；积极主动地推动公司团队和领导者追求不可能实现之目标——完美。

想一想时下大多数大型公司是如何运营的。大公司政治占据主导地位。讨论中虚与委蛇，会议上各种故作姿态，尔虞我诈。资历和头衔远比正确的数据或见解更重要。人们心口不一，笑着点头同意，内心却有不同的想法。在这个世界里，礼仪比正确更重要。这样一来，成果也就成了和睦的牺牲品。

遗憾归遗憾，但这就是这个世界的样子。不过，贝佐斯很早就意识到了这一不幸的现实，所以决定成立一家不仅看起来不错，还要有创新力、有极好的运营能力以及能够随着时间的推移而不断成长的公司。

方法 5　把正确放到最重要的位置。要从组织顶层定下基调，做正确的事，以客户至上理念和数据为导向进行坦诚的对话，通过数据寻求完美，不以职务高低论对错，但同时做到相互尊重。这都是制胜法宝。本书中的很多方法都有助于强化这一原则。

在贝佐斯的所有管理理念中，最与众不同的或许就是，他认为和睦在工作场所中所扮演的角色被高估了，因为它会扼杀坦诚的批评，并会鼓励人们说违心话，比如对那些存在缺陷的想法和执行方案给予礼貌性表扬。为此，亚马逊人被要求遵循"敢于谏言，服从大局"的准则（领导力准则第十三条），对同事提出的想法要进行激烈辩论，在给予反馈时，要直言不讳（尽管这可能会让人感到痛苦），然后才能做出决定。

"我们总是希望得到正确的答案，"亚马逊负责人力资源的副总裁托尼·加尔巴托在一则通过电子邮件发送的声明中写道，"如果只是寻求妥协而不进行辩论，那么肯定省事得多，还能提升社交凝聚力，但这会导致我们做出错误的决定。"[1]

如何做到理智诚实，如何做到自我批评，亚马逊有自己的方法。这个方法就是"寻求真相"，其目的是避免落入以共识为基础的社交凝聚力的窠臼，从而获得正确的答案或见解。要知道，在这种一团和气的社交凝聚力下，没有哪个人是错的。贝佐斯坚信，寻求真相的公司在竞争中必然会胜过一团和气的公司。在任何可以判断和明确真相的情况下，都不要寻求妥协的结果。对公司来说，妥协就是"坏消息"。

但请不要曲解这一理念，不要认为做一个好同事或尊重他人不重要。做一个好同事或尊重他人固然重要，仅仅这样做还不够，而且这不是最优先事项。善待他人并与人保持和睦关系是必要的，也是值得推崇的。如果你不留余地，自断后路，那么你同样无法得到正确的结果。但和睦相处并不是最重要的。想一想组织的优先任务和社交规范。如果和睦相处比正确都重要，那么久而久之，企业就会把和睦相处的重要性置于做事的正确之上。毋庸置疑，这种价值观最终会慢慢渗透到组织的每一个角落。

通过亚马逊老员工的回忆，作家布拉德·斯通整理了贝佐斯在会上发表的一些经典"毒舌"语录：

"你这个人是懒，还是不称职呢？"

"对不起，我今天是不是忘吃变聪明的药了？"

"我是不是该下去拿证书，证明我是这家公司的首席执行官，才
能让你在这个问题上不再质疑我？"

"如果再让我听到这个想法，我还不如自杀。"

听完工程师的介绍后："你为什么要浪费我的生命？"

资料来源：布拉德·斯通，《一网打尽——贝佐斯与亚马逊时代》
（Little, Brown, New York, 2013）。

贝佐斯憎恶他所谓的社交凝聚力，即寻求共识的本能冲动。[2]
他更希望公司的员工能够凭着真实数据以及对客户的一腔热情，
就相关问题展开激烈辩论，决出胜负。他已经将这种方法列为制
度，作为亚马逊的 14 条领导力准则之一。需要指出的是，这 14
条领导力准则是亚马逊高度重视的价值观，也是该公司向新员工
反复灌输的价值观。另外，在亚马逊，所有员工在任职期间会不
断讨论该价值观。

对寻求创新的企业来说，共识会带来两个风险。第一个风
险是，针锋相对的坦诚而直率的对话将不复存在。第二个风险是，
真正的创新想法常常是反直觉的，它们给人的感觉往往是愚不可
及、完全不可能或适得其反，甚至三者兼具。

该怎么做？

1. **通过实践进行测试。**尝试抓住任何非坦诚对话的时刻。沟通要有目的性。对双方来说，严谨的思考和严格的执行缺一不可。此外，双方在沟通中还要做到相互尊重，但彼此间的对话也要执行严要求、高标准。

2. **放缓特定对话和会议的步伐。**就某个问题展开辩论，并对对话的类型以及做决策时所依据的原则或方法进行评估。这能帮助团队更好地理解为什么我们会以某种方法做出决策。

3. **引入指标和服务等级协定（SLA）。**通过指标、服务等级协定，以及深层次的根本原因对话，让每一个人都担起责任。开展根本原因对话通常要付出大量精力。与此同时，你也必须了解可能需要做出的多种改进。比如，在问"为什么会发生这种情况"或"为什么我会让这件事情影响公司业务"时，试着问"5个为什么"，也就是尝试找出5种原因，这有助于避开肤浅的答案，进而找到真正的根本原因。

本书中的很多方法都可以促成更好的对话，当然我也希望它们能够帮你做出更好的决策，实现更好的运营。在同社交凝聚力做斗争的过程中，叙事报告（参见方法44）和持续的指标构建

（参见方法 31）等方法发挥着至关重要的作用，亦有助于你开展合理争论。

作为领导者，你可能不愿意制造内部冲突。这是可以理解的。然而，你去问任何教练，他们都会告诉你，在更衣室文化中，胜利是可以解决一切问题的。当一个团队取得胜利时，成员之间的关系就会变得和睦，而这种和睦的关系是正确做事的副产品，是离不开合理争论的。如果你倾向于通过更坦诚的对话来做正确的事情，那么你很快就能将这种理念融入你的工作，进而获得正确的结果。在下一章中，我们将对此展开讨论。

思考题：

1. 你的公司文化如何优先考虑坚持正确和保持明晰的沟通？

2. 你的公司文化允不允许每天进行激烈而坦率的争论？

3. 保持和睦的关系是否比坚持正确更重要？

达成业绩

强化依赖关系管理，克服挑战，迈向成功

当一个团队承担起解决问题的责任时，问题就会迎刃而解。这一点适用于战场，适用于商场，也适用于我们的人生。

——约克·威林克

亚马逊是世界一流的运营商，也是系统的创新者。作为一家巨无霸公司，它营造了一个令人惊讶的没有官僚主义的环境，让每一个员工都成为决策者。为做到这一点，亚马逊的企业文化允许并让领导者为获得正确的结果而担起责任。

但说"你要担起责任"是一回事，而真正创建一种系统的方法，让领导者更好地管理和控制关键风险，以便达成重大业绩并就此担起责任，则是另外一回事。那么，亚马逊的方法是什么呢？

<table>
<tr><td>方法
6</td><td>设定预期：领导者如果未能取得正确的结果，则不能归责于他人。向领导者展示如何以一种更好的方式管理各种依赖关系，以便他们能够在分布式组织中更好地达成卓越业绩。</td></tr>
</table>

责无旁贷

约克·威林克是"壮汉作战小组"的前指挥官，该小组是伊拉克战争中战功卓著的特别行动分队。此外，他还是《纽约时报》畅销书《极限控制》的合著者。

与你所想象的一样，这本由美国海军海豹突击队前队员撰写的书，重点强调的是个人纪律和责任。"战争即人间地狱，"威林克说，"它是一个残酷的教员。"[1]虽然商场不等于战场，但你没有理由不将那种紧张度、那些牢固的依赖关系应用到你的组织之中。威林克的这本书让我想起了亚当·拉辛斯基讲的一个故事，其中涉及史蒂夫·乔布斯以及苹果公司的副总裁和清洁工。我在这里转述一下。

拉辛斯基讲，在苹果公司，每当有员工晋升为副总裁时，史蒂夫·乔布斯都会给晋升者讲一个小故事。乔布斯说，如果他看到自己办公室里的垃圾没有被倒掉，他自然就会要求负责打扫卫生的清洁工给出一个解释。"哦，你办公室的门锁换了，而我又没有拿到钥匙。"那名清洁工回答。虽然这让乔布斯感到恼火，但这样的解释是合乎情理的。这是一个可以理解的借口。没有钥匙，那名清洁工就无法进入办公室打扫卫生。作为清洁工，他是被允许找借口的。"当你是清洁工时，借口很重要，"乔布斯对新晋升的副总裁说，"但对清洁工和首席执行官之间的所有层级的人员来说，借口不再重要。"换句话说，"当一名员工晋升为副总裁后，他或她就必须担起责任，不能为失败找任何借口。身为副总裁，不管你有什么借口，你都要为所产生的失败负责"。[2]

强化依赖关系管理

如果你下决心担起责任，且不为失败找任何借口，那么你的表现将堪比老板。在商界，每个人的成功都依赖他人。正是你周围那些人所贡献的积极力量，让你的工作富有成效，他们包括同行、团队成员、外部供应商与合作伙伴，以及其他部门中会对你的工作产生影响的人。但同时，这也意味着当他们令你失望时，他们也会导致你失败甚至一败涂地。

在亚马逊，你的主要任务之一就是识别并持续管理你的每一种依赖关系，确保不会出现潜在的业务失灵问题。依赖关系破裂所导致的失败，在亚马逊是不允许的。这被认为是领导力的失败。

如果一个问题是依赖关系破裂所导致的，无论这是全部原因还是部分原因，在被要求给出解释时，你必须这样回答："在管理依赖关系方面，我做了这些事情，而且付出了远超预期的努力。"这意味着你有绝对可靠的合同、服务等级协定和罚则，并在沟通方面进行了持续而积极的管理。你不可以做任何假设。

在 2003 年召开的一次高管团队会议上，贝佐斯把依赖关系管理流程拆分成 3 个简单步骤：

1. 在任何可能的情况下，接管依赖关系，这样你就不必依赖他人。

2. 如果无法接管依赖关系，则与他人协商，进而达成明确而清晰的承诺，并对这些承诺进行管理。

3. 尽可能地建立防范机制。对任何一种依赖关系，都要设计备用方案，比如在供应链中引入冗余设计。

对你职权范围内任何可能的依赖关系都承担绝对责任，并非易事。在亚马逊，只有那些做事严谨、果断和有坚忍不拔精神的人才能进入管理层。当然，具备这些品质的人少之又少。亚马逊是一家由控制狂组成且由控制狂运营的公司，而总指挥更是控制狂中的控制狂。正如亚马逊的一名前工程师所言，与有着极强控制欲的杰夫·贝佐斯相比，"一般的控制狂看起来就像是嗑了药的嬉皮士"。[3]

由于你的团队是你个人职权范围内最重要的依赖之一，所以你对周围人的指导能力，将成为公司年度考核的关键指标。这也就意味着，你个人的成功与他们在亚马逊的职业生涯的成功有着内在联系。

对积极型领导者来说，以超常规的积极主动的方式对依赖关系进行管理，是他们所共有的一种理念。领导者常问如何管理好依赖关系。这方面的方法有很多，但首要的是，多向同事提问题，而且要比往常问的更多。这些问题可以帮助你最大限度地减少各种臆断和意外情况。其次，不要无条件给予信赖，而是在给予信赖的同时，对这种信赖进行验证。

我们来看看约克·威林克的做法。他会告诉你，即便领导者不用对所有结果承担直接责任，导致这些结果的也是他们的沟通和指导方法，或者他们所欠缺的沟通和指导方法。如果公司能一以贯之地管理好依赖关系，那么询问详情便不再会被认为是对一个人的能力的挑战，而是会成为企业文化的一部分。

达成业绩

亚马逊是"达成业绩"的代名词。通过全美占地约 1.2 亿平方英尺①的订单履行中心,亚马逊平均每年运送 6.08 亿件包裹[4],相当于每天运送 160 万件左右。就配送时效而言,亚马逊在世界上首屈一指,但即便如此,它仍尝试建立自己的配送服务体系,打算绕开联邦快递公司(FedEx)和联合包裹运送服务公司(UPS),进而达到降低成本和提升配送绩效的目的。

与此同时,亚马逊云计算平台 AWS 在 2018 年的净销售额预计达到 240 亿美元,而在 2017 年,这一数字为 175 亿。作为运行各种应用程序的公共云基础设施,AWS 目前已经成为世界上最受欢迎的服务平台之一。[5] 按照与用户签订的服务等级协定,AWS 承诺每月至少达到 99.99% 的正常运行时间。[6]

除非你积极主动地管理依赖关系,否则你不会取得这样的业绩。在亚马逊的 14 条领导力准则中,说到底,前面 13 条都是帮助实现最后一条至关重要的准则:达成业绩。

当然,作为领导者,如果你确实取得了这样的业绩,那么话题最终必定会转到激励和薪酬上面。

---

① 1 平方英尺 ≈0.093 平方米。——编者注

思考题：

1. 你的团队是否定期达成出色业绩？

2. 在未能达成业绩时，你的团队是否会把责任推给
   他人？

3. 你是否会以直率的方式管理依赖关系，以提升成功
   的概率？

发挥主人翁精神
薪酬策略驱动企业优化

> 我们必须紧密团结起来，否则个个都将死无其所。

——本杰明·富兰克林

关于亚马逊薪酬结构的论述不可谓不多。普遍认为，该组织给予员工的薪水上限为每年 16.5 万美元，除此之外，就只剩下股票赠与了。虽然这一标准已经不再适用于亚马逊，但该组织确实没有建立基于个人或团队的奖金结构，而且员工的薪水低于一般市场水平。为什么会这样呢？

我们会同制度进行博弈，也会本能地去优化那些与考核和激励我们相关的职能。人性就是如此。

在狩猎采集时代，这是一种生物学上的必然性。而在今天的中高层管理者身上，这体现得更为明显。哦，或许你认为你的组织可以避免落入这种"以金钱为导向"的思维窠臼，但从长远来看，你就会发现人性会自觉或不自觉地碾压你这种盲目乐观的期望。团队会转而追逐那些有利于优化可变薪酬的目标，进而深陷其中，无法自拔。

> **方法 7**　制定一个可激励员工创造企业长期价值的薪酬结构。时常谈论薪酬结构的规划和价值，建立认同感。如果企业需要做重大改变，那么薪酬结构也要跟着做重大调整。

那么，是什么驱动了亚马逊的薪酬策略呢？主人翁精神，也就是亚马逊领导力准则中的第二条："领导者是主人翁。他们会从长远考虑，不会为了短期业绩而牺牲长期价值。他们不仅代表自己的团队，而且代表整个公司行事。他们绝不会说'那不是我的工作'。"

"相比大多数公司，我们支付的现金薪酬非常低，"贝佐斯说，"我们也没有任何形式的激励性薪酬，因为这不利于团队协作。"[1]

如果你想要做出承诺并致力于重大改变，那么你就可能需要对薪酬结构做出相应调整。要清楚地表明，我们会实现共赢，但只有实现企业目标，我们才能取得最终胜利。如果这会导致部分人员流失，那么你就要提前做好准备，尽早在人事方面采取行动。

目标一致

亚马逊的薪酬结构耐人寻味，也颇为激进，但对这家公司来说，它很管用。特别是自 2008 年以来，亚马逊的股价从 41 美元一路飙升，到 2018 年时，已经超过 2 000 美元。对其他任何企业来说，这未必是一个合适的处方。但如果"一切照旧"不能解决问题，而首席执行官或团队领导者又需要做出快速而果断的改变，那么该首席执行官就应该重新考虑高管团队的薪酬结构，同时确保：（1）只有做出重大改变，我们才能取得胜利；（2）只有推动企业改进，我们才能取得胜利。取得成就的团队或个人将不会得到奖励。

正如 W. 爱德华兹·戴明所言，"次优化是指每个人都为自己着想，而优化是指每个人都为公司着想"。[2] 猜猜看，糟糕的薪酬策略还会给你带来什么？乡村俱乐部。什么意思呢？我会在下一章中给出解释。

思考题：

1. 薪酬有没有优化企业业绩？

2. 你有没有见过由目标和薪酬导致的次优化？

3. 是不是所有人都协同一致，全力提升企业价值？

避免沦为乡村俱乐部

即便成功了也要保持前进步伐

> 讽刺的是，在一个不断变化的世界里，
>
> 谨慎行事是最危险的事情之一。
>
> ——里德·霍夫曼

我很幸运能在亚马逊大转型时期担任它的业务负责人。之后，我又在安迈企业咨询公司做过 12 年的常务董事。对此，我同样感到幸运。安迈是一家专注于危机处理和企业重组的专业服务公司，协助那些需要在短时间内做出重大改变的企业，而且通常是扮演临时领导者的角色。任职期间，我服务过寻求重组的客户、私募股权客户以及正常运营的企业客户。

猜猜看，哪种类型的客户最容易促成有意义和有影响力的改进与变革？答案：那些处于危机中的需要重组的组织。为什么？因为它们已经没有什么可失去的了。处于正常运营状态的公司表示它们需要改变，但又抗拒数字化的真正本质，也不愿意放弃早前的很多做法和理念。

在数字化进程中，为什么正常运营的公司及其领导团队更不愿意改变传统的做法？我们不妨这样想一想。为什么音乐家发行的第二张专辑通常会很糟糕？为什么运动员在签下大合同之后，就很难再有出色成绩？这是因为他们通过很多年的创作或训练才取得了成功，当他们真正取得成功后，一些内在就发生了变化，他们不再像过去那样渴求进步。突然间，他们想保住已有的成果，一心求稳，避免遭受损害。由紧迫感和不顾一切的拼搏精神催生的"全力以赴"的心态，已经转变成"不要失去它"或"让我们来享受它"的心态。

> **方法 8**　对那些取得过成功和经历过股票升值的公司来说，谨慎行事是危险的。要找到保持紧迫感的方法，要继续追求增长和创新，致力于实现企业长期目标。

如同新近成功的摇滚乐队或运动员一样，这些正常运营的组织有着各种选择。它们可以进行长期投资，而且拥有积极的发展势头。它们看到了机会，并表示想要改变。但现实中，它们已经失去了弱者的心态。它们开始安于现状、谨慎行事。简而言之，它们创造了一种乡村俱乐部文化。潜意识里，一种"不要冒险"

的心态已经影响了企业的运营方式，尽管它们可能还没有意识到这一点。

据一则都市传说，在 20 世纪 90 年代，微软员工曾被看到穿着印有"FYIFV"的 T 恤[1]，意思是"我已经拿到了全部期权，想干什么就干什么"。这种观念在西雅图并不鲜见，也让早年的贝佐斯引以为戒。《纽约时报》2015 年的一篇文章曾引述我在这个问题上的看法：

> 亚马逊前高管罗斯曼先生表示，贝佐斯先生在 2003 年的一次会议上讲话时，把视线转向了西雅图对岸的微软，并说他不希望亚马逊成为"一家乡村俱乐部"。如果亚马逊变得像微软一样，"我们将会死去"，贝佐斯先生补充说。[2]

该篇文章还写道：

> 早期的高管和底层员工表示，几乎是从 1994 年亚马逊成立的那一刻起，贝佐斯先生就决定抵制那些在他看来会侵蚀公司业务的力量：官僚主义、挥霍无度和缺乏严谨性。随着公司的发展，他希望把那些关于工作场所的想法（有些是明显违反直觉的）编成规范性指令：要足够简单，让每一名新员工都看得懂；要足够宽泛，可适用于他想涉足的各种各

样的业务；要足够严格，可遏制他所担心的平庸。[3]

沃伦·巴菲特称这一弊端为"企业衰退的三大原因——傲慢自大、官僚主义和自鸣得意"。[4]

要想避免患上"乡村俱乐部病"，或者从该病中恢复，方法有很多。治疗的第一步，就是要有明确的认知。你如何判断乡村俱乐部病已经开始发作？过于沾沾自喜，过分关注股价和华尔街的态度，对内部事务的关注多于对客户的关注。其他症状还包括放缓增长预期，降低风险，以及开始优化以达成短期财务业绩，而不再积极主动地投资新的业务。基本来讲，就是谨慎行事，力求"不输"。

你该怎么做呢？有一个具体的方法。建立一个由企业内部高管和外部顾问如初创公司领导者或风险资本运营者组成的团队，让他们就相关问题给出具体方案，比如："你怎样才能让投资者或竞争对手相信，某项业务同现有业务存在竞争关系，还会颠覆现有业务？"我希望企业在工作之外的静修期间开展此类活动，因为这可以让人们跳出日常运营的思维模式。

从本质上讲，这就是制订商业计划，以颠覆自身业务。在计划制订出来之后，再邀请另外的外部领导者对这些计划进行评估（内部思维有自身的局限性，亦存在偏见）。接下来，组织董事会和领导团队静修，就这些想法展开深入讨论。我们可以采用叙事报告（参见方法 44）和未来新闻稿（参见方法 45）的方法，继续保持前进状态！

正如在多瑟瑰啤酒广告中，那个"世界上最有趣的人"所建议的，"保持渴求状态，我的朋友们"。如果你能够在大企业中营造一种渴求感，那么你就做好了迈向下一步的准备，也就是在创新方面迅速做出改变，即便这家企业如大象一般庞大，也不例外。

思考题：

1. 高管团队和董事会是否因过去的成功特别是股价的上涨，而开始规避风险？

2. 你是否感觉到组织开始谨慎行事了？

3. 你的公司在某些方面是否存在乡村俱乐部文化？

让大象起舞
创新的投资组合策略和创新管理

这并不是大象能否战胜蚂蚁的问题，而是大象会不会跳舞的问题。

如果它能够跳舞，那么蚂蚁就必须离开舞台。

——路易斯·V.郭士纳

像亚马逊这样规模庞大的公司是如何持续开展创新活动的？如何让大象起舞？如果你像我一样研究过亚马逊，你会发现有一些技巧和方法，是可以帮助大象级别的公司或其他任何公司开展创新活动的。

对高管团队来说，最难做的决策莫过于资源配置。战略的本质就是做决策，即对什么说"是"和对什么说"不"。正如投资组合一样，有低风险、低回报的投资，也有高风险、高回报的投资。以下是几点建议。

创新需要一种不同的投资和管理思维，它有别于大多数公司通常所持有的。如果你按照低风险投资的方式来定义、管理和评估创新投资，并以此进行人力资源配置，那么这个体系将不会给你带来预期的结果。你需要一个不同的管理框架。

像风险投资公司那样进行投资，并创建创新的投资组合

很多公司压制创新和发明，是因为它们想要可预测的结果——可预测的时间框架、可预测的投资，以及可预测的财务回报，而且风险要适中。但这是私募股权公司的投资方式。当然，有些时候，这是一种正确的思路。

比如，当你改进某项内部流程、着力实现流程自动化时，当你建立新的配送中心时，或当你实施某项营销制度时，你应该对回报和风险做到心中有数。这方面是有清晰的商业案例的，你会清楚地了解成功所需要的条件。但当你开发新的创新的客户功能或打造新的业务线时，你的投资、风险和回报将变得更难以预测。在这种情况下，成功的创新者就要表现得和风投公

司一样。

关键是要确保投资组合的平衡，还要了解各细分投资之间的差异（见图 9-1）。对于高风险投资，要进行小规模试验，如果关键方面证实可行，再开始扩大规模。正所谓大处着眼，小处着手。

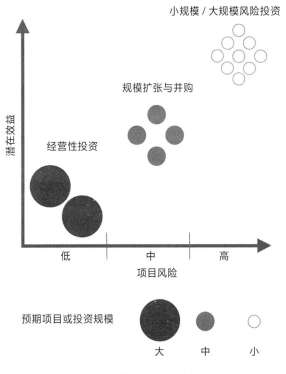

图 9-1　数字化项目投资组合

重视自主性与分离

要想全面摆脱和颠覆现有的业务实践，公司内部致力于创新活动的团队就必须同那些一心维持现状的团队分离开来。比如，亚马逊就成立了一个名为"Lab126"的特别团队，他们完全专注于设备领域的创新活动。值得注意的是，该团队位于加利福尼亚州，远离亚马逊的西雅图总部。

实体分离固然重要，但更重要的是自主性，也就是要在传统业务之外运营，同时还要与公司的首席执行官或高层领导保持畅通无阻的沟通与协作。杰夫·贝佐斯常常被称为项目的"首席产品官"。他的职责就是确保创新团队的自主性，以及该团队与公司高层之间沟通与协作的畅通。说到分离，可以是实体的分离，也可以是组织上的分隔。但请记住一点，要求一个团队既经营业务又开发完全不同的经营方式，是非常困难的。

指派有能力的高层领导

在很多公司，你可以通过领导者所管理的人数和预算开支规模来判定他或她的威望。不过，这并不适用于亚马逊。在该公司，高层管理人员通常负责领导新的高风险项目。我们来看史蒂夫·凯塞尔的例子。凯塞尔长期担任亚马逊的高管，也正是在他的带领下，公司推出了第一代Kindle（电子书阅读器）产品。他2018年负责的是亚马逊在西雅图发起的新型零售店项目。[1]起初，凯塞尔带领的是一个非常小的团队，但肩负的使命很重大。几年之后，这个小团队发展成一个大型组织。

杰夫及其执掌的亚马逊认为，关键团队和关键领导者应专注于开发新项目，因为这会给他们增添力量。在亚马逊，一个至关重要的词就是"痴迷"，即让高层领导者全神贯注地追求他或她的目标。如果领导者同时管理着多个团队且拥有多个目标，那么相比全身心投入单一项目，其所产生的效益显然会打折扣。

制定正确的指标和目标

提示：它们通常与利润无关。早在亚马逊推出一个新项目之前，该项目背后的团队就会概述其目标，无论是增长率、运营业绩、客户体验还是成本，并创建一整套指标，按时间框架对这些目标进行衡量。

这里的理念是，如果目标和指标是正确的，那么团队就可以利用更大的自主性和更少的监管来取得成功。另外，自主性还会带来更多的创意，因为团队成员会寻找各种新方法，以达成先前制定的目标。

建立一体多元的小型团队

在打造具有创新思维和创新行动力的团队方面，亚马逊有两条经验法则。第一条是，聚合拥有不同背景的各学科人才，建立多元化团队。一般来说，只有那些拥有开阔思维的团队才能提出独一无二的想法，也有能力将这些想法付诸行动。

第二条是，专注于建立小型团队。亚马逊常常会以量化标准的形式，把这种团队称为"两个比萨团队"。换句话说，两个比萨就可以让整个团队吃饱，这也就意味着团队人数是 8~10 人。"两个比萨团队"不仅拥有相应的能力，还负责包罗万象的事务——从市场界定和产品路线图到市场和产品的开发与运营（参见方法 20）。

打造更好的产品或服务

总之，上述行动是为打造超一流的产品或服务，而不仅仅是好的产品或服务。也就是说，要打造的是让人惊掉下巴的产品或服务，而不是在原产品或服务的基础上进行微不足道的改进，或开发一般水准的全新产品或服务。成功的创新会带来令人难以置信的卓越体验，而且价格适中。它会让用户惊叹，很快，你的客户也会离不开它。

这些都是能帮助大象起舞的方法。这些策略的成功依赖于强大的领导力。即便是正确的策略，若由软弱的领导层实施，最终也只会以失败收场。领导者必须深度参与项目，要有敏锐的直觉，要有坚持不懈的精神，即便遇到困难也毫不退缩。

思考题：

1. 你是否有明确的创新流程，包括以风险投资为最突出特征的投资组合吗？

2. 风险投资的管理方式是否有别于常规项目，并且是否支持假设检验和敏捷的流程？

3. 专注于风险投资的团队是否主要由执着于项目成功的全职员工组成？

> 打造产品并不是要你去管理一个大型团队，
>
> 而是建立一个由合适的人组成的小型团队。
>
> ——弗雷德·威尔逊

有一位朋友告诉我一个故事。1994 年大学毕业后，他加入了位于加利福尼亚州洛斯加托斯的一家小型工程技术公司，从事超级电容器的开发工作。当新领导带他去工位时，他发现那里散落着旧金山湾区的地图。

"抱歉，这里太乱了。"他的经理边说边把那些地图扫进了垃圾桶。

"这些地图是干什么用的？"

"上一个员工的。我们已经把他解雇了，因为上班时他总是忙于自己的事情。"经理说。当我的这位朋友在新工位落座后，他把那个被解雇的员工的名牌拿了下来，然后换上了他自己的。多年后，在线地图网站 MapQuest、特斯拉和太空探索技术公司（SpaceX）让这个被解雇的员工成为家喻户晓的人物。但当时，在我的朋友看来，这只是一个令人难忘的名字而已。

"埃隆·马斯克，"我的朋友说，"真是个奇怪的名字，真是个奇怪的家伙。"

即便是几十年后的今天，据称马斯克仍把 80% 的个人时间花在工程技术和设计上。[1] 不妨换个角度想一想：作为全球商界最有影响力的领导者之一，人员管理只占他个人时间的 20%。这充分表明了马斯克对产品的重视程度。

> **方法**
> **10**
> 那些有能力设计产品、定义架构并能深入了解和清楚阐述市场需求的领导者，在数字化企业中是很权威的。这与专事监督、不过问细节的传统方式有所不同。你要有发掘市场潜力的技能、兴趣和洞察力，而且你要成为设计师。

亚马逊领导力准则的第四条是决策正确。在亚马逊，要想做到决策正确，领导者必须拥有专业技能和关注细节的敏锐洞察力。传统（"过时"）的管理模式是关于预算、人员和地点的管理的。领导者所肩负的管理职责越重，权势就越大，而这种权势又通常取决于领导者所管理的人数或所掌管的预算金额。从过去看，这种类型的领导者会告诉下属和顾问"把工作完成"。虽然下达指令很容易，但这种指挥与控制的领导方式，需要领导者给予承接任务的人员极大信任。就结果而言，有时候会顺利达成，有时候则不然。但不管如何，这类领导者都难以了解为什么某些事情成功或失败了。

在亚马逊，高层领导通常会被委以重任，从头抓起，负责"重大想法"的开发与实施。通常来说，他们的团队成员很少，预算也很少。这些高层领导亲力亲为，高度关注细节。他们一开始就对项目的各个方面进行评估，并从各个方面着手，开展开发工作。他们是所负责项目的"首席产品官"。

出任首席产品官是要有一定技能的。在一个职级错综复杂的组织内，随着人们的不断晋升，有一些技能多年之后可能已经退化了。年轻时的我们，或许是极具才能的首席产品官。然而，当我们一步步离开一线，进入模糊不清的管理世界之后，我们可能就失去了原本的优势。突然间，你成了首席产品官，你需要写出想法（参见方法 44），需要进行面谈，需要设计用户体验，需要确定技术要求，需要就市场匹配要求和目标生产成本给出合理解释。总之，你需要成为"产品打造者"。

成为首席产品官并抛弃陈旧的产品打造工具箱，是有很多好处的。首先，项目会受益于你多年的专业知识。你对重要细节的高度关注会为组织定下新的基调。自上而下，每一个人都要深入项目，了解细节。你可以不受公司层级制度的约束，在组织的各个层面发展人际关系，并以一种积极主动的方式与他们协作，同时对团队成员施以影响。

比如，马斯克据称每个星期都会拿出半天的时间，与特斯拉设计大师弗朗茨·冯·霍兹豪森一起在工作室工作。[2] 马斯克依然忙于解决产品问题。他是创意流程的一部分。他与产品开发团队密切合作。对一线员工来说，他是一个熟面孔。其实，这样做是有目的的。

作为首席产品官，你必须以身作则。但仅仅提供专业知识，仅仅保持对细节的敏锐洞察力，是不够的。你还必须担起责任，并以计分卡指标体系为主要方式，对结果进行衡量。团队领导者和团队其他成员要使用同一套衡量标准。要知道，再没有什么比奉行双重标准更糟糕的事情了。你和你的团队是一个整体，而作为首席产品官，你需要显示这一点。

在打造卓越产品时，你要让你的团队知道你们在同一条战壕里，是共进退的，这一点很重要。然而，正如我们在下一章中所讨论的，如果你打造的是改变游戏规则的创新产品，那么你要愿意承受批评人士的误解。

思考题：

1. 领导者是否深入了解产品和客户体验的种种细节？

2. 领导者是否了解什么是优良的设计，是否营造了有利于设计的工作环境？

3. 在产品设计方面，组织对细节的关注是否足够到位，以打造超一流的产品？

你愿意被误解吗？

亚马逊最大规模创新项目的经验教训

> 讨厌你的人会一直讨厌你。
>
> ——泰勒·斯威夫特

亚马逊最伟大的创新是什么？无人机？云计算？智能音箱 Echo 和智能助手 Alexa？这些都是令人印象深刻的产品，有的甚至可以说是革命性的。然而，在我看来，亚马逊最伟大的创新是那些改变了基本竞争规则的创新，尽管它们现在看起来很平凡。

如果就亚马逊最伟大的创新列一个清单，我认为它包括每日免费送货、尊享会员（Prime Loyalty）和商品授权（Item Authority）。以商品授权为例，它看起来很简单，就是与同一种商品的多个卖家签署协议，提升商品的可选择性、可获得性和价格竞争力。正是这一杀手级功能让亚马逊在 21 世纪头 10 年的中期超过了易贝，成为第三方卖家的首选平台。在推行该功能时，亚马逊收到了来自组织内外的很多负面反馈。

> **方法**
> **11**　就创新而言，最具影响力和最未被充分重视的一面就是它挑战了长期以来人们普遍认定的事物运作的假设。所以，当你创建了这些假设的替代假设时，很多怀疑论者自然就会出现。

除源自亚马逊之外，上述创新还有哪些共同之处？比如，它们都是客户体验和商业模式上的创新。它们并不是真正意义上的技术创新。另一个共同之处就是业界人士和行业专家严重低估了它们对行业和盈亏的影响。这些创新都是在亚马逊创立早期实施的，当时它还是一家规模很小的公司，不像现在这样受行业尊敬或让行业畏惧。以下是几个例子：

> 亚马逊把所有人都拖下水，一起玩免费送货的游戏。
>
> ——鲍勃·施瓦茨，麦进斗（Magento）前总裁、
>
> Nordstrom.com 创始人 [1]

> 在很多情况下，语音助手的确很有帮助，但这并不意味着你永远都不需要屏幕。所以，亚马逊不给智能音箱 Echo 配备屏幕的想法，我觉得在很多场景下都不合适。
>
> ——菲利普·席勒，苹果全球营销高级副总裁 [2]

近期，关于一家新公司要同美国三大快递公司竞争的报道登上了各大媒体头条，但事实上，这是一项极其艰巨的任务，需要数百亿美元的投入以及数年的时间才能形成足够的规模，达到足够的密度，然后才有可能复制联邦快递等公司的现有网络。

——迈克·格伦，联邦快递执行副总裁[3]

我们不认为我们的供货商直接在亚马逊销售产品是一个迫在眉睫的威胁。没有任何迹象表明，我们的供货商会直接通过这种分销渠道销售高级运动产品，比如我们所提供的价格超过 100 美元的运动鞋。

——理查德·约翰逊，富乐客（Foot Locker）
首席执行官兼董事长[4]

当你考虑线上或线下体验时，要知道我们的店是不需要人工智能的。我们拥有"智能"。我们店有 4 500 名活生生的时尚顾问。

——马克·梅特里克，萨克斯第五大道总裁[5]

云计算是什么？……我的意思是，这纯属胡说八道。

——拉里·埃里森，甲骨文执行董事长兼首席技术官[6]

坦白讲，我不是很担心亚马逊的 AWS。我们要担心的是我们自己，因为我们现在的处境太好了。

——马克·赫德，甲骨文联席首席执行官 [7]

以上所有源自顽固的行业领袖的公开言论，让我想起了国际商业机器公司（IBM）的董事长托马斯·沃森在 1943 年说的一句名言："我觉得这个世界可能只需要 5 台计算机。"

这些年来，亚马逊用创新打破现状，并颠覆了一个又一个舒适的商业传统，而那些成熟的公司对此大加嘲讽，表现得不屑一顾。在贝佐斯看来，这就是一种"误解"。说到开展创新活动，你要愿意承受误解，还要有一张厚脸皮。在很多竞争对手看来，亚马逊的行动毫无道理可言。"这是一家最让人看不懂也最不按常理出牌的公司。对越来越多的竞争对手来说，亚马逊已经成为世界上最可怕的公司。" [8] 如果你无法让他人感到苦恼，那么很可能是因为你的行动还没有达到真正颠覆的程度：

在创业最初的那几年里，我发现要想开展创新活动，要想成为先驱者，你就要愿意承受误解，而且是长时间的误解。举一个早期的例子：买家评论。有人写信跟我说："你不了解你的业务，你是靠卖东西赚钱的，为什么允许出现负面的买家评论呢？"看完这封信后，我就想，我们并不是靠卖东西来赚钱的，我们是帮助客户做购买决策，并以此谋利。[9]

我们来看"在线试读"这项功能。亚马逊于 2001 年推出了该功能，依据的是一个颇为简单的概念——仿效书店的客户体验，允许亚马逊的冲浪者在购买一本书之前先阅读其内容。

当然，这需要亚马逊在网站上在线存储图书内容，而这又引发了有关图书盗版的若干问题。出版商忧心忡忡，对此持怀疑态度。另外，这个功能的成本也是极其高昂的。每本书都需要数字化扫描，并被编入索引。这在安排协调上是一个巨大的挑战。

杰夫决定采取大规模发布，并认为这是判定亚马逊用户是否支持该功能的唯一途径；当时，亚马逊的活跃用户数为4 300 万。[10]"在线试读"功能最初上线时，涵盖超过 12 万种图书，数据库存储容量高达 20TB（太字节），大约是亚马逊成立之时最大数据库存储容量的 20 倍。

戴维·里舍是亚马逊负责产品和商店开发的第一副总裁。在他的带领下，该公司收入从 1 600 万美元飙升至超过 40 亿美元。对于"在线试读"功能背后的策略，他是这样描述的："如果我们只进行小规模的测试，比如扫描上线 1 000 本或 2 000 本图书，那么该举措不会引起公关人士和客户的注意。这里存在一个未知因素：如果大规模扫描上线，那会是什么样子。它涉及巨大的投资，也涉及巨大的机会成本。这是一种'孤注一掷'。杰夫决定放手一搏。"[11] 最终，出版商接受了"在线试读"功能，进而将其视为销售利器：

> 每当你开展重大的具有颠覆性的创新活动，比如电子书阅读器 Kindle 和云计算平台 AWS 时，你总会招来批评声。批评者分为两类：一类是善意的批评者——他们的确对你正在做的事情有了误解，或者他们的确持有不同的观点；另一类是自私自利的批评者——作为既得利益者，他们不喜欢你的所作所为，而且有理由误解你。你必须不在乎这两种类型的批评者。你听取他们的意见，只是因为你想看看他们是不是对的，而且一定会进行验证。但如果你有坚定的信心，你就会说，"不，我们相信这个愿景"，然后全力以赴、专心致志，这样你就能够实现愿景。[12]

亚马逊愿意被"误解"的一个例子就是它的整体医疗保健策略。亚马逊与伯克希尔哈撒韦公司和摩根大通联手，共同创建了一家医疗保健公司，负责人是阿图尔·加万德。亚马逊将如何提升员工的医疗保健和医疗保险权益？是否打算向医院提供医疗产品？是否会把收购的在线药房 PillPack 纳入尊享会员的福利，并向客户提供更优惠的处方药配送服务（外加一本新书）？或者，亚马逊意在转变医疗保健和医疗保险领域的整体客户体验，并改变与之相关的成本结构？要知道，这对企业和员工来说都是沉重的负担。再或者，亚马逊另有打算？我认为短期内它不会阐明这些问题，但我实际上希望它在自己的投资组合中进一步加大在医疗保健领域的投资。

当谈到"被误解"时，我们要考虑两个方面。第一，如果你的目标是重大创新，涉及客户体验和商业模式的显著改变，而此时既有的利益相关方并未提出反对意见，那么你就要当心了。第二，让投资者和合作伙伴等利益相关方提前做好应对负面浪潮的准备。就亚马逊来说，它通常以年度致股东信的形式不断提醒投资者，公司追求的是长期经营业绩，不会为了短期业绩而牺牲长期价值，因而常常遭到误解。你愿意被误解吗？

思考题：

1. 你上一次做让客户受益但颠覆商业传统的事是在什么时候？

2. 就客户体验而言，如果让你从头开始，你会在哪些方面做出改变？

3. 哪些商业模式创新可以应用于你所在的行业？

达成共识
财务、税务、法务和人力资源团队的重要性

如果给我一个小时来解决问题，那么我会花55分钟来思考这个问题，

然后花5分钟思考解决方案。

——阿尔伯特·爱因斯坦

在大多数传统组织中，课题、项目或功能由核心业务团队"占有"。在这样的模式下，核心团体会获得财务、法务和人力资源等职能团队的支持。

从组织上讲，这些职能团队被边缘化，也被狭隘地定义。通常只有在特定的领域内，他们才会被视为专家。很自然地，作为职能团队，他们会以别人看待他们的方式来看待自己。因此，在所限定的工作职责范围之外，他们不愿意做出贡献。

一般来说，就是这些团队的成员会向核心业务团队陈述各种理由，表示后者的目标无法实现，或给出非常具体的要求，

表示唯有如此才能实现目标。换句话说，他们倾向于担任守门员的角色，而对核心业务团队来说，职能团队无非是另外的一道障碍。

你有多少次觉得自己公司内部的谈判是一个项目中最棘手的部分？以我个人为例，在先前的公司里，很多同事都表示法务团队是他们普遍不愿意"打交道"的。虽然控制法律风险是他们的职责所在，但最安全的行动方案就是没有行动。因此，如果给出的条款不是首选或默认条款，那么对任何问题来说，法务团队的默认答案就是"不"。同样，在面对挑战的时候，我也常常听到技术领导者或首席信息官说"这是企业的决定"，仿佛这家企业是另外一个完全不同的实体一样。"想什么呢，老兄？"我想告诉他们，"你和其他员工一样，都是企业的一部分。"

> **方法 12** 想方设法达成共识，这是每个人都应担起的责任。传统的职能团队必须搞清楚，他们的职责是协助内部部门达成共识。多花一些时间去了解真正的目标，因为这会给你带来更多的选择。

没有什么是不可能的

在加入亚马逊时，金伯莉·路透是一位国际物流和合规方面的专家，早前供职于全球领先的货运代理公司，拥有超过 15 年的行业经验。亚马逊希望借助路透的专业知识和能力，为第三方卖家大力拓展跨境业务。当时，在路透眼中，海关和合规事务是一套遵循既定程序和规定的交易系统。然而，在她担任亚马逊全球供应链和合规部门主管时，这个系统中的流程和程序需要扩充，而且是大规模扩充。她带到亚马逊的模式顿时显得过于迟缓和笨拙。

"我感到非常困惑。在上任的头几个月里，我经常说，'不，这不可能'。那段时间，我很受挫，而且没有人听从我的决定。"路透说："在促膝长谈时，我的培训师告诉我，在亚马逊，没有什么是不可能的。不管事情多么困难，要想取得成功，你就必须找到解决方案，而且必须加快步伐。"[1]

培训师告诉路透，如果想开展创新活动，她就必须提供选项和选择方案，同时要讲明利弊和存在的机遇。在亚马逊，至关重要的一点就是没有人会逃避责任。每个人都会朝着达成共识的方向努力。而这也是公司所要求的，即全体员工都必须抱着"我们"必须达成共识的心态。所有人都要达成共识，每个人都对此肩负着责任。因此，这是路透的工作，也是人力资源团队、法务团队或财务团队的工作。同核心业务团队一样，职能团队的每个人也都抱着同样的主人翁精神，担负着同样的责任。

问题重构

如何让你的团队达成共识？寻找解决方案的过程并非总是障碍重重。一般来说，你要对情况、问题或需求做到真正了解。如下两个问题——一是"为什么这会失败"，二是"我们怎么会设计出组件出故障的东西"，你该问哪一个？再来一组——一是"我们如何规避这种风险"，二是"我们如何接受和降低这种风险"，哪一个是正确的问题？这些问题陈述中的细微调整决定了你如何寻找解决方案。怎样才能更有效地达成共识呢？以下是几点建议：

1. 进行问题重构，并就相关情况和目标提出更多问题。

2. 深入研究真正的根本原因、影响因素和症状。要问"5 个为什么"（参见方法 5）。

3. 以非常审慎的方式概述和质疑你的假设。

4. 明确指出并量化实际风险。一般来说，感知到的风险是可以降低的，要让障碍成为最小的影响因素。

5. 从外部引入无偏见的跨领域的专业知识，作为对内部专家思维的补充。

6. 举办竞赛或黑客马拉松活动，开发替代选项和解决方案。

创建一种共识文化需要克服众多障碍。首要的一点是，它需要你在组织内进行直接而坦诚的沟通，并把自己作为经营成果的共同所有者。你必须达成共识。直接沟通的死敌是什么呢？官僚主义。

思考题：

1. 你的企业内的人力资源、法务和财务等职能团队是真正的业务合作伙伴吗？

2. 职能团队是参与整个动议的全过程，还是仅仅在某些特定环节发挥作用？

3. 在解决问题和进行头脑风暴的会议上，"没有什么是不可能的"是不是与会者的心态？

打破组织结构图
不要让组织结构和头衔成为绊脚石

所谓十足的官僚主义者，就是那些既不拍板也不担责的人。

——布鲁克斯·阿特金森

亚马逊高管团队在业务方面最担心什么？竞争对手？网络安全？政府的监管或干预？这家公司正以近乎不可阻挡的步伐改变全球的每一个产业，所以它肯定考虑过以上所有因素。在我看来，高管团队最担心的是官僚主义，因为一旦陷入官僚主义的泥潭，驱动亚马逊前进的创新机器就会出故障。

官僚主义是暗中为害的。它就像癌细胞一样疯狂生长，无情地攻占组织结构图的每一个角落，最终扼杀公司的效率和创新。

> **方法 13** 组织结构图、头衔和职位描述都有着各自重要的服务目的。利用它们去做正确的事情，而不是让它们成为绊脚石。制定相应策略，确保组织结构平衡。

无论你多么用心地设计组织结构图，无论你多么频繁地进行改组（希望不是一年一次），也无论你拥有多么丰富的岗位设计专业知识，你所做的种种安排至多是建立在可预测的情况和当前业务基础之上的。当事情偏离预期或在推行变革方案时，你很可能会受到各职能部门的官僚主义的掣肘。

在2016年的致股东信中，贝佐斯警告说，转变成糟糕的第二天公司的最快途径，就是让流程取代结果。他表示，好的流程服务企业，而企业则可以据此服务客户，但稍不注意，流程就会侵蚀结果。"这在大型组织中很容易发生。流程取代了你想要的结果，你只会确保你遵循了流程，而不再关心结果。天哪！有些资历不深的领导者在为糟糕的结果辩护时，常常会说，'你看，我们是按流程办的'。类似借口可谓司空见惯。但富有经验的领导者会把它看作机会，对流程进行调查，并根据调查结果加以改进。流程并不是问题所在。这里有一个任何时候都值得问的问题：是我们控制流程，还是流程控制我们？在第二天公司里，你可能会发现答案是后者。"贝佐斯写道。[1]

康威定律和咨询组织

康威定律指出，"设计系统的架构受制于产生这些设计的组织的沟通结构"。虽然这听起来有点儿像禅宗心印，但 1967 年的这句计算机编程格言，对企业来说是一个有用的推论。简而言之，该定律要表明的就是，各设计师之间必须经常沟通，确保软件模块功能的正常。最初的设计几乎不可能是最好的，所以盛行的系统概念就需要改变。就此而言，组织的灵活性对有效的设计十分重要。[2]

可用性专家奈杰尔·贝文表示，康威定律在很多企业网站的设计上都很明显。"组织网站的内容和架构，通常反映该组织的内部关注点，而不是网站用户的需求。"贝文说。[3]

在这里，咨询业务的组织方式和部署方式，可以提供一些有用的概念。咨询业务通常与一根核心轴相一致，比如地域或行业，然后是另一根轴，比如解决方案。这些长期存在的组织协同被用于人才管理（招聘和培训）和知识产权的开发。在组织协同中，咨询者通常是一个被指派的绩效经理。不过，咨询业务是以客户和项目或任务为基础的。就一个项目而言，通常要有能够跨越主要组织结构的人员，还需要一位领导者，从头到尾负责该项目。因此，正式的组织结构图有助于将信息导向市场，有助于为合适的业务和解决方案提供具体说明和人员招聘支持，有助于提升专业知识并建立相关社群，亦有助于人员的成长与发展。但就客户的实际项目而言，开展方式并不是这样的。在现实世界中，项目团队向客户方参与该项目的领导者汇报工作。在处理得当的情况下，每个人都会致力于实现客户想要的结果。对项目团队来说，最主要的目标是服务客户、完成项目任务，而不是服务企业内部的组织结构图。

非咨询组织应当借鉴这种做法。维护正常的组织模式和汇报层级结构，但在实施计划、执行任务或解决问题时，要向项目负责人汇报工作。项目成功与否，完全取决于行动和计划的成败，若能为客户提供愉悦的体验，属于锦上添花。这种"全员上阵"的方法既清楚明了又简单易行，不仅削减了无数的会议时间和无意义的沟通，也有利于发挥团队中最富有才干的人的积极性，进而促进共识文化的形成。

即便是亚马逊的小型团队的组织结构图，有时领导者也会发现他们的组织结构图和职位描述并不适用于当下的情况。在这种情况下，他们会迅速从各部门抽调人手，组建项目团队。按照公司领导力准则第二条——主人翁精神，领导者绝不会说"那不是我的工作"。亚马逊所秉持的客户至上理念及相关指标，是不允许职位描述和组织结构图成为做正确的事情的绊脚石的。

让预期成为现实

那么，你该如何打造一种反官僚主义的文化呢？亚马逊并没有把它的文化规范和预期视为顺理成章。通过沟通、口口相传和领导者的以身作则，这些文化规范和预期在这个充满活力、持续成长的组织中被不断强化和传递。不要想当然地认为，沟通一次就可以完整传达公司理念。要不断重复，就像品牌宣传一样，你必须持续发声。

我猜你可能听过这样一句老话："如果你喜欢做一件事，那它就不是工作。"本书的很多内容都与激励团队有关——激励团队去解决问题，激励团队去迎接挑战，并像破解魔方一样检查每一个可能的排列方式，直至找到最佳解决方案。这种解决问题的热情，会让公司把精力集中到正确的结果和协作上，并会打破由组织结构图和快速增长带来的官僚主义思维。这样一来，创新就会出现，共识文化就会形成。虽然风险很高，但这仍是一场游戏。让你的人充满热情地参与到游戏中去。他们没有必要赢下每场比赛，只要能够做到常赢就可以了。那么，什么样的游戏有助于催生创新呢？

思考题:

1. 公司的职位描述和组织结构图是否降低了解决问题、追求卓越运营或服务客户的效力?

2. 你可以采用哪些策略来减少组织边界,进而追求更快创造运营成果?

3. 你的组织结构是否曾成为创新的绊脚石?如果答案是肯定的,那么你该怎么做?

创新博弈

以有趣方式激励发明

> 当下是他们的，而我致力于研究的未来是我的。
>
> ——尼古拉·特斯拉

　　亚马逊员工所能获得的最宝贵的荣誉之一，是一枚由透明或蓝色丙烯酸树脂制成的拼图块（见图 14-1）。这个东西在亚马逊之外可以说一文不值，在公司内部却是荣誉勋章，被称为"专利奖"。在亚马逊，如果一项发明被认定，那么发明者就会收到一枚透明的拼图块；如果后续申请专利获批，发明者还会收到一枚印有姓名、专利号和专利授权日期的蓝色拼图块。

　　在亚马逊，一些最成功的发明者拥有数十枚拼图块，在办公桌上组成一幅巨大的拼图。但没有人能够超过大老板。走进贝佐斯的会议室，你会看到一个由蓝色拼图块组成的单词——patent（专利），而四周则布满了透明的拼图块。[1] 此外，数字版本的专利奖也被展示在公司内网。它们就像电子游戏中的经验值或收集的道具一样，将员工一一区分开来。这些成就的取得并非偶然。

图 14-1　恭喜成为亚马逊的发明者！
资料来源：改编自Todd Bishop，"Legal Puzzle: Amazon and Former Employee Set for Trial in Unusual Patent Dispute," *GeekWire*, July 8, 2013。

方法 14　专利可以说是一个"可提升价值的妙策"。对大多数组织和团队来说，追求专利既不是战略的核心，也不是实际可行的做法，而是激励员工贡献"可提升价值的妙策"。寻找有趣方式激励和表彰创新，并一以贯之。

电子游戏设计师早已知晓，如果你在游戏中植入互动功能，那么游戏玩家就会参与到这种互动之中。无论何时，只要游戏与游戏玩家之间有着互动关系，那么后者就会一直玩下去。给他们一扇门，他们就穿过这扇门。给他们一件武器，他们就会使用这件武器。给他们奖励，激励他们搞发明，他们就会搞发明。人性就是这样。简而言之，这就是亚马逊收获数量可观的发明和专利的方法。它把发明和专利的流程游戏化了。

未来游戏

在 2013 年的致股东信中，贝佐斯称亚马逊是一个"大型的富有创造力的团队"，拥有"孜孜不倦的、开拓进取的和客户至上的文化"。他表示，在公司的各个层面，每天都会出现各种旨在服务客户的伟大创新——无论是大规模的还是小规模的。[2]"这种不局限于公司高层，而是贯穿整个公司的去中心化的分布式发明模式，是确保创新产品生生不息的唯一方式。我们所做的事情充满挑战和乐趣，我们为未来工作。"贝佐斯写道。[3]

当然，在任何一场游戏中，都有赢家和输家。贝佐斯对此并不在意。事实上，他接受失败是发明的一部分这一事实。他也知道失败不是可选的。贝佐斯写道："我们明白这一点，也相信早期的失败以及失败后的不断尝试，最终会引领我们走向成功。这样的流程，意味着我们的失败从规模上讲是较小的（大多数试验都可以从小规模开始），而当我们发现了真正有利于客户的东西时，我们就会更加努力，以期获得更大规模的成功。然而，成功的路径并不总是如此明晰的。发明创造不是一帆风顺的，而且随着时间的推移，我们肯定会在某些重大押注上遭遇失败。"[4]

员工能获得什么好处？

对公司员工来说，其所开发的知识产权通常归公司所有，那么员工能获得什么好处呢？有些时候，仅仅给予表扬就已经足够了，尤其是当你的员工认同你的文化，且在为未来以及未来的股票期权而奋斗时。不过，在组织内，激励员工和激发创新活力的方式数不胜数。

除了找到一种表彰创新的方法（比如奖励一枚丙烯酸树脂拼图块）外，你还可以通过其他很多方式来激励员工开展协同创新活动，并让他们乐在其中。比如，开展各种游戏和比赛，这会让人感到兴奋，因为在此过程中，员工可以换一种思维方式，暂时脱离日常运营状态。

黑客马拉松就是这样的方式之一。在两三天的时间里，让员工把工作放到一旁，全身心去应对某一特定挑战。要想方设法把这种竞赛活动同你的目标联系起来，比如新的商业模式或提升客户体验的方法，再比如解决运营质量问题或排除隐患的方式。这里有一个约束条件，那就是必须在一定时间内完成。这会让参与者产生一种紧迫感，促使他们寻找捷径和新的思路。

亚马逊发起的"改善"计划是以日本的"持续改善"（Kaizen）这一经营思想命名的，意为"朝着更好的方向改变"。按照该计划，员工加入各小组，寻找可减少浪费和简化流程的方法。据亚马逊网站，在2014年，共有超过2 300名员工参加了725项"改善"活动。"在美国内华达州拉斯维加斯的亚马逊订单履行中心，某一团队对客户退货流程进行了简化和改进，将生产力提升了34%，每天可减少12.8万英尺[①]的步行距离，而流程中的工作量也减少了46%。"[5]

行为经济学家苏珊娜·内克曼和布鲁诺·弗雷在对IBM研究实验室的员工进行深入调查之后发现，选出获奖者并举行公开表彰仪式所产生的激励效果，相当于现金奖励从0增加到1 000美元。[6]该项研究发表在《社会经济学杂志》（现为《行为与实验经济学杂志》）上。

亚马逊设立了广泛的奖励和表彰项目，其中很多荣誉是由杰夫·贝佐斯或另一位高层领导在季度全员大会上颁发的。每一个奖项都有言外之意。举例来说，"干就对了奖"（Just Do It Award）

---

① 1英尺 ≈0.3米。——编者注

的颁发对象，是那些践行主人翁精神的员工。这个奖项的言外之意是，在任何时候，做正确的事情都是你的职责所在。而"把关人奖"（Bar Raiser Award）则被专门颁给那些慧眼识珠的员工，因为在他们的努力之下，公司的集体智商、生产力和实力得到了大幅提升。这个奖项的言外之意是，驱动亚马逊前进的引擎是持续改进。对于这个奖项的设立，杰夫有一段富有哲理的描述：在一名员工入职 5 年后，他应该这样去想，"多亏那时入了职，要是现在应聘，我都不会被录用"。[7]

当然，激励员工并非一定要通过设立和颁发奖项。每逢年底的假日购物季，也就是在物流运营团体为高峰期的库存和订单业务而全力以赴之时，身着法兰绒衬衫的杰夫·威尔克就会前往订单履行中心开展慰问活动，并表彰那里辛劳工作、不计得失的数十万名员工，同时叮嘱他们把安全放在第一位。

另外就是"空椅子"策略。据称在开会时，贝佐斯会在会议桌前放一把空椅子，并告诉与会者，要想象这把椅子上坐着一个人，这个人就是会议室里最重要的人——客户。[8]

最后，作为经过精心测算且被不断重复的信息，这些象征性行动的目的，是进一步强化亚马逊的领导力准则。这是贝佐斯自创业之初就采用的策略。他一再证明，如果你给员工打开一扇门，他们就会穿过这扇门。任何员工都是如此。而且，在某些情况下，这些激励措施会对公司的经营状况产生重大影响。接下来，让我们来看门板办公桌。

思考题：

1. 对表现超出预期的团队和个人，你会给予表彰吗？

2. 黑客马拉松活动有助于激发创新想法吗？

3. 专门用于解决问题和创新的宽松时间会给你的组织带来不同的结果吗？

门板办公桌
通过节俭推动创新

节俭包含其他所有美德。

——西塞罗

杰夫·贝佐斯一向认为，节俭是创新的一大推动力。正如他所说的："摆脱困境的唯一出路就是开辟一条属于自己的路。"[1]节省下来的每一美元，都意味着又一个投资企业的机会。从业务中消除成本结构，有助于推进低价策略，进而形成良性的飞轮效应。他还认为，注重节俭可以最大限度地消除自满情绪，而这种情绪是最让他忧虑和厌恶的。

贝佐斯非常注重象征意义。与亚马逊相关的标志性象征之一就是门板办公桌。在公司早期的发展历程中，贝佐斯坚定地认为，在他们这个组织，办公室内不需要配备超大豪华办公桌。在他看来，公司里的每一个人，包括高层领导在内，所需要的只不过是一个工作的地方而已。在这样一种氛围下，有人利用闲置门板打造办公桌——门板当桌面，然后在下面钉上桌腿。最终，门板办公桌成为贝佐斯所竭力打造的低成本、平等主义文化的象征。实际上，亚马逊现在仍颁发"门板办公桌奖"，旨在表彰那些能够提出"好点子"的、能为公司节省大量开支又能为客户降低支付成本的员工。[2]

虽然门板办公桌的起源平凡无奇，但它对了解亚马逊这样一家有着广泛业务的复杂公司来说是至关重要的，也正是基于这一观念，亚马逊才能达到如此惊人的规模。

贝佐斯认为，省钱只是节俭的一个附带好处，节俭的真正价值在于效率。

> **方法 15**　省钱并不仅仅是一个关乎竞争的问题。节俭并不意味着小气。要积极倡导节俭之风，打造一种以效率和创新为导向的文化。设定限制条件，比如成本，有助于重塑现状，并推动创新。

着眼长远

勤俭节约是亚马逊的核心价值观之一，也直接与第一天公司以及着眼长远的理念息息相关。在1997年的致股东信中，贝佐斯解释说亚马逊在决策及利益权衡方面同一些其他公司是不同的，并与股东分享了公司的基本管理原则和决策方法。顺便说一句，在此后每年的致股东信中，这封信都会作为附件。

在这些原则和方法中，第一条是："我们将继续坚持不懈地遵循以客户为中心的原则。"第二条是："我们的投资决策将继续以建立长期市场领导地位为考量，而不是以短期盈利能力或短期的华尔街反应为考量。"他继续写道："我们将努力花好每一分钱，并竭力维持我们的精益文化。我们明白持续强化成本意识的重要性，尤其是在一个容易出现净亏损的行业。"[3]

节俭传递的是一种态度——精益、坚决、谦逊和创新，同时创造了一种关注细节和追求卓越运营的文化。节俭和客户体验是开展创新和实现规模化发展的两大法宝。时至今日，亚马逊依然坚持节俭的价值观，这有助于让员工深刻认识到，亚马逊是一家卓尔不群的公司，是以客户为中心和专注于创新的公司。

思考题：

1. 节俭只是限制条件之一。除此之外，你还可以设定哪些限制条件来支持组织的卓越运营和创新？

2. 就像亚马逊的门板办公桌，你可以利用哪些象征物来支持你想在组织内设定的限制条件？

3. "我们怎样做才能把成本削减 50%，同时提高客户满意度和收益？"这样的问答练习会不会激发潜在的创新？

第二部分
战　略

Think Like
amaon

50 ½ Ideas to Become a Digital Leader

不可能的使命
数字化

我们人类是不可思议的宇宙中的一种不可思议的存在。

——雷·布拉德伯里

我可以写一整本书来研究数字化的定义，内容从数字化的框架、界定、论证到数字化的各个方面、各个变化形式和各个类别，再到各种术语，不一而足。我觉得我都不需要再增添任何内容。

对大多数领导者和团队来说，他们不是不知道数字化是什么，也不是不知道他们的业务需要转型，真正的困扰在于，他们不知道该如何去做。你和你的组织需要做哪些改变？如果这正是你的疑问，那么你就来对地方了。尽管本章的标题是"不可能的使命"，但它也不是不可能完成的，只不过看着有难度而已。

拥抱改变

秘诀 1：以不同的方式竞争

据说唯一喜欢改变的人是婴儿。但是创新者与落后者、创业者与官僚主义者，以及数字化赢家与输家之间的区别在于对变革的渴望。无论是对专业人士、团队还是公司来说，学着爱上改变，沉迷于挑战现状，都有助于成为数字化赢家。你每天都必须用尽自己的每一分精力，直至你和你的组织达成卓越业绩为止。然后从头开始，并不断重复。

为什么？因为数字化既不是技术也不是社交网络。数字化是一种不同的竞争方式，它利用的是新的客户体验、精益的商业实践和创新的商业模式，而这些都是由广泛的技术和计算机科学功能共同驱动的，比如云计算、社交协作及移动协作、人工智能和预测性分析。重复一遍：数字化并不是一种技术，而是一种不同的竞争方式。

秘诀 2：个人改变

人们通常不知道的是，数字化转型不仅关乎组织的变革，也关乎个人的改变。正如甘地所言，"欲变世界，先变其身"。如果你不能改变自己的个人习惯，那么整个组织是不可能实现转型的。

数字化转型必须双管齐下——组织变革和个人改变并行。这是因为在数字时代，唯有如此才能实现企业或个人事业的蓬勃发展。对企业或个人来说，数字化转型涉及新的信念、新的管理理念和新的技术。本书中所讲的很多方法都涵盖了数字化转型所需的个人改变，比如成为产品打造者、撰写叙事报告、设计指标、探求根本原因，以及通过解决问题来实现创新。仅靠一己之力，这可能是无法完成的，但在这些个人改变中，你要成为主角或直接贡献者，而不是事事都委托他人去做。

秘诀 3：速度至关重要

从理论上讲，这很简单。数字化等同于速度和敏捷性。速度代表的是卓越的运营，而敏捷性所代表的则是让变革发生的能力。要想在数字化领域胜出，就要让一切变得更快、更敏捷。

这包括你为客户提供的产品或服务以及你的工作方式。在组织内外，你需要在更短的时间内完成交付或工作任务，你需要具备更强大的适应能力和更灵活的反应能力，同时缩短周期，改善客户体验及流程中的数据。

化繁为简

数字化是一种不同的竞争方式。创新型公司是如何做的呢？数字时代的首要战略就是让事情变得简单起来。这里所说的"简单"，不是一星半点的简单，而是将事情简化为原来的1/10或1/100。亚马逊真正的价值主张，或许就是把时间回馈给客户。客户节省了去商店购物的时间；商家节省了开展市场营销或品牌推广的时间；依靠亚马逊的订单交付系统，物流公司同样节省了时间。"简单"还意味着向客户提供更多的数据和见解，给予他们更多的掌控力，从而强化他们与你的组织的互动。

以颠覆传统硬件和软件产业的云计算技术为例。首要的一点是，按需付费。云计算技术将购买费用从固定的资本支出转变成可变的运营成本。

其次，云计算技术消除了从采购、设置到安装的周期，可以让你在第一时间实现规模化运营。这种易于扩大或缩减规模的弹性可以为组织节省大量的时间、资源和开支。"规模"原本是老牌企业的巨大优势。如今，这种优势一去不返。亚马逊的众包平台土耳其机器人（Mechanical Turk）或联合办公平台 WeWork 等，可以让小型团队立即实现规模化。在亚马逊工作时，我曾负责两项业务，让我最钦佩的一点就是每一项业务都有改进和扩大规模的计划。当然，不是每一项计划都会得到资助，但每个负责人都有自己的计划，也有力荐该计划并为其争取资金和资源的机会。

最后，云计算技术大大降低了复杂性，使基础设施管理远比运行你自己的基础设施更容易。这正如我所说的，化繁为简。

数字化竞争的重要内容是为客户提供便利和选择权，进而为他们赋能，让他们选择在什么时候以何种方式与你的企业发生业务往来。这意味着你要消除那些不会增加价值、削减成本、提升质量或节省时间的步骤。比如，H&M（海恩斯莫里斯）等"快时尚"公司已经把从创意到产品的交货时间缩短到了 6 个星期。此外，数字化竞争也与透明度和客户接触有关。比如，在线旅游公司旅游城（Travelocity）通过一项杀手级功能颠覆了旅行社乃至旅游界：为消费者提供所有选项和价格。

"今天的技术正在创造全新的商业模式。世界上最大的打车应用优步，自身没有任何车辆。世界上最大的社交媒体脸书，自身不生产任何内容。世界上最大的电子商务平台阿里巴巴，自身没有任何库存。世界上最大的民宿短租公寓预订平台爱彼迎，自身没有任何酒店。"旅游城和旅游搜索引擎服务商客涯公司（Kayak）的创始人特里·琼斯说："这些公司提供极其便捷的服务。硅谷有一句口号：第一步，安装软件。没有第二步。就是这样。你也得这么简单才行。"[1]

发掘和聘请数字领导者

体育界存在一种普遍看法：速度是训练不出来的，你要么天生跑得快，要么跑不快。训练和技巧在一定程度上可以开发人的潜能，磨砺和改进一个人的速度，但你无论如何也不可能把一个跑得慢的运动员变成跑步健将。幸运的是，这一点并不适用于企业界。在商业领域，速度是可以训练出来的，但前提是你要有合适的教练。

可带领变革并执行数字化转型的人才非常难得，因为他们需要具备两种特质：一是批判性的眼光，二是必要的直觉。这堪称魔法般的技能组合。为什么？因为成熟的组织已经解决了客户的问题，利润也就成了其衡量成功与否的标准；换言之，它们越来越专注于运营效率，而这样做的结果就是损害了组织的创新力。

"这些做法和策略既能保证高管向华尔街交出好看的财务报表，又能安抚股东。但它们也压制了组织内的创新活动，最大限度地限制了创新的类型及规模。"创新研究员马克斯韦尔·韦塞尔在《哈佛商业评论》的一篇文章中写道，"'我们如何才能把我们已经在做的事情做得更好，并把成本再降一些？'没有一家公司能靠解决这样一个问题创造变革性的增长型产品。"[2]

换句话说，让同一个团队、同一批人同时扮演运营者和创新者的角色，注定是要失败的。对公司领导者（首席执行官或中层经理）来说，他们最应该做的两件事是交流愿景和配置资源。要想让企业把卓越运营和系统化创新结合起来，并推动企业迅速行动起来，切实做到"在失败中前进"，领导者就必须营造可培育小种子的环境。

贝佐斯解释说："亚马逊零售和云计算平台 AWS 都是按照小种子理念培育的，而且后来都茁壮成长……一个以棕色纸箱闻名，另一个以应用程序接口闻名……透过表象来看，两者其实并没有太大区别。它们都秉承了公司独特的组织文化，高度重视并严格遵循少数准则。"这些由公司领导层设计的准则，为亚马逊未来"在失败中前进"的文化夯实了基础，也催生了很多成功的业务。

无论是在亚马逊还是你自己的公司内部，创新的关键在于设想和建立自身的试错机制。正如贝佐斯所说："你需要挑选那些对现状不满的人——对很多现状都心存不满的人，因为在日常工作中，他们会留意那些难以发现的微小问题，并会想着去补救。发明者有一种'神圣的不满情绪'……你要支持那些经过深思熟虑的计划——即便最终失败了，那也是值得一试的。这个方法不行，我们就试试其他方法。在亚马逊，所有最重要的成功都经历过失败：失败，再次尝试，并不断重复这个过程。"[3]

用一句过于简单的话总结：如果对数字化的最佳描述是速度，那么对数字化转型的最佳描述就是让你和你的组织走得更快。

思考题：

1. 你如何定义自己组织的数字化？

2. 你能衡量和跟踪数字化进程吗？

3. 时下有哪些很难做到的事情是应该化繁为简的？

试验，失败，修正，再试验

计划并开展试验，直至成功实现数字化

> 我并未失败，我只不过是找到了一万种行不通的方法。
>
> ——托马斯·爱迪生

对那些徒有虚名的产品的历史，我一向很感兴趣。举例来说，有一座名为"湖畔"的公寓楼盘，其实就建在一片贫瘠的土地上，而旁边只有一个不起眼的人工池塘。一度被寄予厚望却以惨败告终的产品包括个人数字助手苹果牛顿、谷歌眼镜、微软鲍勃、新可乐和亚马逊 Fire 手机。

当前，我最喜欢的一个流行术语是敏捷方法，即以迭代和渐进的方式设计和交付解决方案。在早前参与或管理的多个技术项目中，我都使用过这一方法。项目的关键参与者显然把敏捷方法定义为"无问责制的方法"。工作范围，时间，成本？你不能让我们担责，因为我们要做的就是行动敏捷（眨眼暗示）。因此，在开展工作的过程中，他们完全不做承诺。不过，对敏捷而言，最大的扭曲在于语义上的扭曲，即把敏捷作为未能取得实际结果的借口，而这些结果对客户和企业来说都是非常重要的。

"快速行动，破除陈规"是脸书的内部信条，旨在鼓励员工在提出新想法时迅速采取行动。在一个发展速度堪称光速的行业，过于考虑这些事情可能会牺牲竞争优势。

> **方法 17** 数字化的成功依赖于快速行动，并通过测试来衡量变化所产生的影响。在此过程中，至关重要的一点是区分"正确的失败"和"错误的失败"，并就如何测试和评估进行详细说明。高层领导需要亲力亲为，明确测试方法以及对结果和影响进行评估的方法。

大胆去想，而非大胆去赌

2002 年，我负责推出亚马逊的第三方业务。这是一个允许零售商通过亚马逊网站销售自己产品的平台。目前，这个平台已经集聚了约 300 万个零售商，为亚马逊贡献了约 50% 的出货量及销量。秉持为买家和卖家提供卓越体验的宏大愿景，是该平台取得成功的关键。

在打造第三方业务平台时，我们专注于三个有助于推动该业务增长的核心原则。第一，客户在第三方卖家的购物体验同他们在亚马逊直接购物的体验应当是一样的。第二，在亚马逊第三方平台的销售体验必须是简单、易操作的，当然在流程上会相对复杂一些。第三，平台的设计与制定的战略必须围绕服务数十万而不是几十个或几百个卖家展开。卖家在亚马逊的业务管理必须是自助式的。

鉴于我们所采取的战略，卖家与亚马逊之间的数据及交易编排必定会更加复杂。为此，我们开发了工具、实例和测试环境，同时提供众多支持，尽量确保卖家可以直观又高效地销售商品。我们还必须全面考虑规模化的问题。亚马逊和第三方卖家之间签有对等协议，也就是说，在商品的价格和可获得性方面，卖家在亚马逊网站上的标示信息必须同其在其他平台上的保持一致。我们怎样才能追踪卖家，看他们是否履行了这一协议？

最显而易见的追踪方式就是依靠人工审查或复核，但这也是最难以扩大规模和提高效率的方式，而且成本极高，很难做到商品的全面覆盖。为此，我们开发了一套自动化系统，用以确认卖家是否履行了他们的对等协议。通过卖家发送给亚马逊的商品信息，我们可以检索他们的网站以及任何其他销售渠道，确认商品的价格和可获得性与亚马逊网站的一致性。

我们大胆去想，那是真正意义上的高瞻远瞩。但我们并没有把这种"高瞻远瞩"与"豪赌"混为一谈。当然，这对你来说也是一样。上述几段总结的亚马逊第三方平台的搭建过程，看似一帆风顺，实则困难重重，航程中充满各种挫折和失败。然而，这些锋利的礁石都未能击沉我们的航船。第三方业务和创新技巧就隐藏于这一路的众多失败之中——我们从中学习、调整，并继续前进。实际上，吃水线下那个看不见的原则关乎如何充分利用失败。

从小处着手

在开展小规模重复试验方面，你越能找到创新的方法，就越有可能取得大的成功。换言之，大处着眼，小处着手。

亚马逊用了很多年才将第三方业务发展到现在的规模。其实，早在我加入亚马逊商城团队之前，亚马逊就已经打造过另外两个第三方卖家平台，即亚马逊拍卖和 zSHOP，但均以失败告终。如今，第三个平台已经取得了巨大成功。

亚马逊确实投资了商城业务，但这并不是高风险投资。相反，领导层在小规模独特试验上的投资，将有助于提高亚马逊对制胜法则的长远理解。

那些小规模试验是什么样的呢？以亚马逊商城为例，我们预先考虑到客户想要通过特定的卖家店铺购物，所以我们专门打造了基础设施，推动卖家创建线上品牌店。然而，在真正推出线上店铺之后，我们发现客户实际上更喜欢在亚马逊网站按照商品类别来购物。因此，我们不再强调打造特定的卖家店铺，转而专注于提升亚马逊的核心浏览和搜索功能。

通过这次以及其他很多次试验，亚马逊商城最终找到了合适的长期方法。直到这时，公司才将重点转到了业务增长上。

成功的创新者会进行很多小规模试验，而对于产品或业务的成功，他们保持耐心，并会采取长期战略。创新和短期利润很难齐头并进，当然，例外总是存在的。若执行得当，这些小规模试验将帮助你了解客户的需求，以及你的产品如何才能满足市场的需求。若执行不力，那还不如一开始就不搞这些试验。

从小处着手的策略

失败的试验可能是执行不力的结果，也可能是对你的产品假设的一种有效检验。幸运的是，亚马逊等组织已经开发出了从小处着手和迭代前进的策略，帮助你避开陷阱。

低保真原型

如果你打造某物只是为了测试少数几个关键零部件，那么你打造的就是低保真原型。谷歌的 Cardboard 就是典型的低保真虚拟现实原型：使用者只需把手机放入硬纸板制作的虚拟现实装置中，就可以测试和体验虚拟现实场景。

最初版本的 Cardboard 就是用几个现成的零部件和纸板箱拼起来的。今天，谷歌利用 Cardboard 打造开发者社区，并测试虚拟现实的受欢迎程度，而无须投入宝贵的时间和资金开发更复杂的虚拟现实产品。想一想：在不生产实际产品的情况下，你怎样才能对你的试验的有效性或可行性进行测试？低保真原型是一个有效的策略，既可以用于产品的可视化演示，又可以为完整原型开发背书。

最小可行性产品

得益于埃里克·莱斯于 2011 年出版的《精益创业》，最小可行性产品（MVP）这一理念开始流行起来。在该书中，莱斯鼓励企业主识别和测试各项业务和解决方案背后的关键假设。

受良师益友史蒂夫·布兰克的研究的启发，莱斯提倡利用最小可行性产品版本来验证或反证与业务和客户相关的假设，同时指出在构建试验的过程中要小心谨慎。

最小可行性产品的关键，是要尽可能简洁地阐明你首先（或接下来）需要检验或测试宏大计划中的哪个部分或哪项功能，然后尽可能地缩减范围，就该部分或该项功能进行针对性测试。这是具体说明和衡量以做出假设的过程，也是通过试验迅速获得客户或现实世界的反馈的过程，然后以尽可能渐进或敏捷方法推进下一阶段的测试。

在概念层面，这似乎很容易做到。但在实践中，众多力量和现实因素会发挥作用，并对最小可行性产品构成挑战。这些挑战包括准确理解和具体说明正确的假设以及这些假设的次序；想方设法打造你想要测试的功能，而不是面向市场的产品所需的许多周边功能；想方设法让真正的客户使用最小可行性产品，同时避免对你的品牌产生不良影响；最后一点，在时机到来之前，尽量避免对其他企业应用程序和流程造成影响，包括对集中式信息技术的潜在影响。

关键的一条建议：尽量避免让委员会和团队来做决策。相信一个强有力的声音，这有助于减少层级障碍，缩短进入市场的时间，并推动实现测试范围的最小化。但这一声音确实需要基本上是正确的。

快速失败并在失败中前进

打造一个能够从失败中吸取教训，并知道如何为自己创造新的学习方式的团队。简而言之，就是鼓励以聪明而快速的方式失败。

你的职责就是确保这个团队能够理解"可吸取教训的失败"

与"执行失败"之间的区别。前者会给予你宝贵的资料,而后者只会浪费你的时间。

Fire手机和智能音箱Echo

在亚马逊 2015 年的致股东信中,贝佐斯写道:"我认为亚马逊的特别之处就是允许失败。我认为我们是世界上允许失败的最佳场所(我们有很多实践!),而失败和发明是一对不可分割的双生子。要搞发明,你就必须进行试验;如果你事先知道它是可行的,那就不用试验了。大多数组织都拥抱发明这一理念,却不愿意接受发明过程中必然出现的一系列失败试验。"[1]

亚马逊最引人关注的失败案例,当数 2014 年 7 月推出的 Fire 手机。这是一次短暂的市场失误,给亚马逊造成了 1.7 亿美元的存货报废。

在美国商业内幕网站组织的一次讨论会上,股票分析师亨利·布罗吉特问贝佐斯:"Fire 手机到底怎么了?"[2]

贝佐斯冷静地表示,同亚马逊所有其他项目一样,Fire 手机也是一项试验。在他看来,该项目的失败是一次学习经历,也是又一次迭代或调整的机会。贝佐斯解释说,Fire 手机只不过是亚马逊的"设备组合"中的项目之一。而在这个词组中,关键词是

"组合"。

"现在还处于初级阶段，"他告诉布罗吉特，"在亚马逊，我们有很多迭代项目。作为领导者，我的职责之一就是鼓励员工采取大胆行动……在创新团队周围建起防护墙，让他们全力以赴，攻坚克难，同时最大限度地减少公司内部的反对声，缓解忧虑情绪。"[3]

亚马逊按照标准规程推出了新一轮的智能设备：迅速推出一款产品或服务，从不小题大做，而且几乎不在市场营销方面投入任何资金。相反，它会寻求客户反馈，然后据此迅速做出调整或砍掉项目，并持续开展更多试验。毕竟，在贝佐斯看来，每一个项目都是对亚马逊设备组合的一项投资。

亚马逊智能音箱 Echo 是一款针对尊享会员且仅限受邀用户购买的产品。公司把它界定为测试版产品，并且限量供应。这样一来，市场预期就降了下来，而公司则可以获得更多反馈。亚马逊遵循的策略同此前它推出的智能按钮——"一键购物"（Dash Button）的策略是一致的。只有当人们对智能音箱和智能按钮的反馈极好时，亚马逊才会全面推出产品。这跟美国戏剧制作人的惯用手法是一样的。先在美国全国范围内选定几个市场预演，如果观众反响良好，则搬上百老汇的舞台；如果恶评如潮，则假装这件事情没有发生，转而进军下一个项目。

常做正确决策

亚马逊的第四条领导力准则是决策正确。具体而言就是，"领导者通常能做出正确决策。他们拥有卓越的业务判断能力和敏锐的直觉。他们寻求多样的视角，并挑战自己的观念"。

建立和采用"测试—衡量—调整"的思想方法并非没有风险。如果把它作为判断失误或执行不力的借口，则有可能让你的企业陷入死亡泥潭。正如"敏捷方法"已经成为推卸责任的开发方法一样，"快速失败"也可能会成为过多失败的托词。的确，企业中存在很多数字化机会，但这并不意味着你可以走弯路，非要在一次就能成功的项目上反复尝试。"失败"已经成了一种借口，甚至可以说是一种预期，而这也正是当前创新模式的风险。

可吸取教训的测试失败与执行失败之间的区别，有时看起来非常明显，有时则非常微妙。你参与的测试越多，你就越能分辨它是哪一种失败。马克·安德森指出："我们偏爱那些永不言弃的人，但你从简历上是看不出这样的品质的。我们要找的是有勇气、有天赋的人才。人们总是谈论失败有多么重要，然而在我看来，这就是一种'失败迷恋'。他们说：'失败是美妙的，它可以让你学到很多东西，你最好多经历一些失败。'但我们认为失败实在太糟糕了，成功才是美妙的。"[4]

要想赢得数字化竞争，你必须有宏大的产品或业务愿景，要倾听他人的意见和建议，但同时也要掌握控制权，清晰而又简洁地阐明必要的工作。这有助于打造"大处着眼、小处着手"的创新驱动策略。

思考题：

1. 你知道如何具体说明和检验你的创新计划中的关键假设吗？

2. 你的组织知道如何区分测试失败和执行失败吗？

3. 你是有惯用的项目方法，还是会依照具体情况调整项目方法？

想打造一个平台吗？

服务他人的平台策略

我认为圣人不仅是坏榜样，而且在某种意义上，

他们根本无法认同我们这些凡人。

——马丁·路德·金

平台是一种可被外部用户访问、可由外部用户定制的商业模式和功能。一般来讲，这些外部用户利用平台的方式远超你的想象，至于如何维持平台的运转以及如何通过平台提供服务，那就更不是你所能想象的了。亚马逊拥有十余个蓬勃发展的平台业务，包括云计算平台 AWS、物流、支付、自助出版平台 CreateSpace、电子书自主出版平台 Direct Publishing、有声书平台 Audible、广告、众包配送服务平台 Flex、即时视频平台 Instant Video、电子书阅读器 Kindle 和众包平台土耳其机器人。

除亚马逊之外，世界上还有哪些领先的数字化平台公司呢？

在可预见的未来，脸书、苹果和谷歌可以说是典型代表。斯科特·加洛韦把它们比作"四骑士"[1]。各家公司皆提供核心功能，并通过强大的网络效应吸引客户。每一名参与者的加入，都会让网络变得更强大、更智能。在广泛的平台功能方面，实在难以想象还有什么公司能够和它们展开竞争。

> **方法**
> **18**
> 如何将你的核心功能打造成一个平台？思考这个问题有助于确定未来的业务策略。当然，它并不适合所有人，但深入了解这个过程会给你带来绝妙的点子，进而推动改进和创新。

平台商业模式有哪些特点？化繁为简；访问及使用的平等化；固定成本高；边际成本低（零）；库存为其他人所有；按需服务，按量付费；具有网络效应；拥有连接工具，但不属于生产工具；由用户生成内容，请人代劳（OPW，参见方法 23）；由市场驱动；拥有层级和明确的规则；可编程。

除此之外，亚马逊还强调另外一个特点——可以为用户和亚马逊带来价值的一个杀手级功能，即自助服务。使用一家公司的平台或服务，不需要也不应该由你去跟该公司中的某个人谈。事实上，成功的平台业务是通过避免接触来推动创新的。获取、应用以及消费都应该在"不接触"的情况下进行。它应当是"零配置的"。就如同追求完美的客户体验或运营一样，要把"零配置"

作为理想目标。有些功能可以实现真正意义上的自助服务，但也有一些功能是不可行的。"对自助服务平台来说，即便是那些看似不可行的想法，也要试一试，因为没有把关专家告诉你：'这不可行！'你猜怎么着？其中很多想法都实现了。"贝佐斯在2011年的致股东信中写道。[2]

你应该开发平台吗？

也许应该，也许不应该。如果你想把一种核心功能或一组功能转变为平台业务，那么在投资过程中一定要审慎评估：

1. **确定业务的核心功能。** 你可以准确界定公司的竞争优势吗？这种优势容易复制吗？你如何为客户带去价值？将业务作为一组流程和功能予以评估。要有明确的界定，同时将大型流程分拆成较小规模的功能和服务。

2. **确定服务内容。** 仔细考虑你可能提供的服务以及该服务的应用程序接口。你怎样才能把这个服务平台变成一个"黑匣子"？换句话说，你怎样才能保护好它，使其避免被复制和剽窃？

3. **你的优势在哪里？** 你将如何提供同行业中最好的商业条款？商业条款包括成本、速度、可用性、质量、灵活性和功能。

4. **它能赢利吗?** 这些商业条款和功能是否具有市场可行性? 这项业务能给你带来利润吗?

5. **测试和评估。** 你对平台的核心功能、相关差距、潜在利益或不足之处有着充分而客观的了解。构建用来测试、学习和创造价值的敏捷方法。

平台业务的开发需要投入精力,需要认真检视。无论你是否决定实施平台策略,做这样一项练习都会让你获得真实的前沿见解,进而帮助你对各项功能进行改进和革新。

思考题:

1. 在你的组织内,真正的核心功能和流程是什么?

2. 你能否把这些核心功能和流程打造成可服务于内外部客户的自助服务平台功能?

3. 你能否把平台功能打造成高度可用的零配置的具有市场竞争力的功能?

打造技术公司

分散：实现卓越数字化的方式

控制混乱和复杂局面的唯一方法就是放弃部分控制权。

——吉安·纳格帕尔

在 1979 年的致股东信中，沃伦·巴菲特解释说，伯克希尔哈撒韦公司的财务决策权实际上集中在组织最高层手中，但在运营方面则广泛放权，委托给旗下各子公司或业务单元的主要经理。"我们公司总部的人数，刚好可以组建一支篮球队。"巴菲特解释说。被誉为"奥马哈先知"的他坦言，这种方式偶尔会导致重大失误，但通过更紧密的运营控制，这种失误会被消除，或者其影响会被降到最低。再者，该方式也有许多好处。

"它可以大大降低层级成本，并大幅提升决策速度，"巴菲特说，"每个人手上都有很多工作要做，因而完成的工作也就很多。最重要的是，这可以让我们吸引和留住一些非常有才华的人，而在通常情况下，他们是很难聘到的。对他们来说，在伯克希尔哈撒韦公司工作，就像是在经营自己的事业一样。"[1]

> **方法**
> **19**
>
> 集中式 IT（信息技术）管理有助于企业实现自身目标。时下，越来越多的互联体验被整合到产品和服务中，这就需要我们开展更多的技术创新，让技术资源更贴近客户，同时将技术资源嵌入业务中，使其成为团队和产品的一部分。

指挥与控制思维，比如常见的"首席信息官会管理公司的技术运营，并推动数字化转型"，已经是过时的管理模式和思维了。随着产品和服务日趋数字化，你需要养成一种平衡认识，即哪些职能和决策应归首席信息官所有（集中式 IT 管理），以及哪些技术功能应由各业务团队来打造和控制。

集中式IT管理

在将 IT 部门雪藏之前，让我们先看一下那些应该采取集中式 IT 管理的内容：系统、标准和运营。

首先，某些系统和技术团队仍应采取集中化管理，特别是那些承担着较高的法律义务及投资者义务的，此外还包括所有技术团队的运营基础设施以及"从订单到现金"（O2C）系统。有人认为这些系统应该分散管理，交由财务和审计部门管理，但事实上，最好还是把它们留在集中式IT管理系统中。

集中式IT管理的典型应用程序和功能包括：财务系统；关键职能部门比如财务、人力资源和法务部门拥有的系统；具有高度敏感的客户数据比如个人身份信息（PII）的系统；关键基础设施，比如数据中心、云、数据库和通信系统；员工和供货商支持系统；集成部署环境；办公自动化应用程序和桌面/设备支持系统；周边与网络威胁检测技术。持续采用集中式IT管理的，除了上述系统之外，还有为了大型项目设立的项目集管理办公室以及关键供货商的管理运营。

其次，值得指出的是，转向分散式技术功能并不意味着每个人就要用不同的方式做事。事实上，标准在分散模式中会变得更加重要，甚至可能至关重要。如果我们能够建立标准和原则，让每个团队都在此基础上部署和运营，那么这将会大幅提升团队的速度、协作能力和素质。转向分散式IT管理将意味着，集中式IT管理的使命将通过规范的影响来增强其领导能力。

公司需要建立哪些类型的标准？系统设计标准；指标和服务等级协定、应用程序接口和协作能力；技术文档；工具和编程语言；安全（参见方法36）；项目集管理，包括风险和项目管理；质量、测试和发布管理；支持和运营、可用性、性能和常规故障。

最后，集中式 IT 管理不仅需要定义这些标准，还需要向客户（其他技术团队）传递这些标准，利用这些标准来审查和签批规划与执行（标准机制实际上是一个执行机制），管理采用的计分卡（什么是合规的以及什么是不合规的）。通过"信赖但验证"的方式，让他人担起责任，这一点至关重要。所有的职能部门和领导者都需要邀请 IT 部门合作，推动这些标准的落地。

分散式IT管理

我经常听人说，"亚马逊的 IT 团队一定很庞大"。恰恰相反，亚马逊的集中式 IT 团队的规模其实相当小，但技术能力很强大，而且无处不在，甚至可以说无所不能。[2] 如果技术技能不在集中式 IT 团队中，那么应该如何进行分散式 IT 管理呢？

首先，属于产品或核心服务的那部分技术，可分散到相关团队。其次，营销、销售和供应链系统，也非常适合整合到相应的业务部门。在将技术和数据整合到各流程与功能中的过程中，这些业务部门应掌握更大的控制权。

即便技术团队和系统仍要向集中式 IT 部门报告，但如果这些团队能在运营中把自己视为职能部门的一部分，通过与业务部门协同，打破各种有形的障碍和沟通壁垒，那么也可以取得许多相同的结果。每项功能都需要强化技术整合，以便为客户提供更好的服务，使新的业务功能成为可能，进而适应市场并实现愿景。想方设法打破业务部门与其所需技术技能之间的障碍，以便服务客户，发展业务，加快创新步伐。

思考题：

1. 你的 IT 部门是其所支持业务领域的世界一流的合作伙伴吗？

2. 是否有机会分散技术功能来打造速度和敏捷性？

3. 业务部门在技术交付方面是否掌握着足够的控制权，以满足业务发展需求？

所有人的比萨
小型自主团队的魔力

你最好把比萨切成4块，因为我还没有饿到可以吃下6块的地步。

——尤吉·贝拉

每当谈到亚马逊知名的"两个比萨团队"时，大多数人都抓不住要领。重点不在于团队规模，而在于团队的自主性、责任感和企业家思维。"两个比萨团队"是指在组织内部设立小型团队，并让其独立、灵活运营。

在亚马逊，"两个比萨团队"就像半独立的创业型温室一样工作。其不受组织的官僚主义的干扰，鼓励雄心勃勃的领导者，并为他们提供机会，同时注入主人翁精神。

正如方法13所讲的，官僚主义是创新的杀手。更重要的是，高绩效的员工是不会被那些进入之后无法让他们发挥特长的公司或部门吸引的。小型团队都有拿得出手的东西——产品、功能、服务（比如购物车）或流程（比如库存接收流程）。每个团队定义自身的业务计划、指标和产品路线图。这将激发动力，推动持续改进，同时为未来的投资及结果提供透明性和问责机制。每个团队都有敏锐的客户意识，即便是对内部客户也不例外，而团队最重要的目标就是，推出可被采用的产品、功能、服务或流程，为客户提供价值。

> **方法**
> **20**　安排小型团队负责核心功能和服务的数字化。其将负责设计、开发和运营那些深受内外部客户重视的功能。创设小型团队可以带来更多的创新、更高质量的工作和更强有力的文化。

"两个比萨团队"是围绕功能和服务而不是项目组建的。团队的工作预期至少持续两年，并通过迭代改进工作效能。如今亚马逊有数以百计的"两个比萨团队"。从本质上讲，其中很多团队都是技术团队，拥有支撑业务发展的底层技术服务能力。还有一些团队偏向功能层面，可以整合其他技术服务以实现业务目标。促销团队或形象团队便属于这一类。这些团队打造出世界一流的可配置功能，供业务单元在其业务中使用。亚马逊不会把所有团队都打造成"两个比萨团队"，但致力于将公司细分为定义明确的、以使命为导向的团队。其专注于愿景，并采用灵活模式，以满足公司的需求。

打造"比萨团队"

当然,任何团队的运营都离不开合适的人员,尤其是像"两个比萨团队"这样精干的小型组织。"两个比萨团队"的人数不应超过 10 人。顺带说一句,最理想的规模是一人独立运营。

首先,业务负责人就是团队的领导者。对技术型"比萨团队"来说,程序员既是客户,又是实施者;他们不仅编写程序,还要执行程序。唯有最优秀的人才能加入团队。在亚马逊,人员选拔是通过"把关人"(参见方法 43)间接执行的。

"两个比萨团队"是自主的,与其他团队的互动有限,即便有互动,也会详细记录,而且交流接口有明确的定义。对系统的每一个层面,"两个比萨团队"都有控制权,且全面负责。这类小型团队的主要目标之一是,降低组织内的沟通成本,包括会议、协调、规划、测试或发布等活动的次数。越独立的团队,行动越敏捷。

首先要从小型团队的使命着手。在这方面,撰写未来新闻稿(参见方法 45)是一个非常棒的表达方法。通过迭代提升工作的质量和实效,而且小型团队的任务往往会持续多年。换句话说,团队是围绕长期核心功能及项目集而非短期项目组建的。

小型团队与组织之间的联结较为松散,交付功能也更为独立。这种精益的方式,使得团队的迭代交付和测试成为可能。用一个月的时间来开发和快速测试，并取得基于事实的反馈，其效果通常不亚于数月的分析与预测。

"两个比萨团队"拥有自己的数据，除非通过应用程序接口，否则其他团队无法访问或变更数据。在是否允许其他团队整合和使用某一团队的功能方面，应用程序接口是有强制规则的。

没有一个组织是完美的，所有组织都有与生俱来的弱点。像"两个比萨团队"这种小型自主团队，其面临的挑战包括：与多个团队的协调工作，多功能测试的整合，发现和适当运用可用的服务，以及获得自己所依赖的其他支持团队的优先协助，等等。不过，小型团队的责任心、对创新的执着以及提供敏捷性也是真实存在的，而且小型团队所面临的挑战，在其他大多数组织结构中同样存在。

在家吃还是叫外卖？

得益于"两个比萨团队"，亚马逊几乎可以无限制地扩大规模。知名风险资本家贝内迪克特·埃文斯指出："如果你能在没有召开会议或搭建新的组织结构的情况下，从 y 中推出 x，那么扩张至新类别的速度将主要取决于你的人员招聘和资源获取能力。"[1]

埃文斯指出，这意味着任何特定产品类别的购买体验，都需要一个"最小公分母"模式，即为迎合所有人而刻意简化的模式，因为平台团队难以为每一个新类别创造客户体验。

"如果浏览多个类别，那么你有时可能会把这当作弱点。亚马逊几乎可以永无止境地拓展业务范畴，但未必深入，因此也就产生了哪些类别可能需要更深入的体验的问题。"埃文斯写道。[2]

然而，"两个比萨团队"的优点是，其不需要为母公司工作。这项优势推动了 AWS 和亚马逊商城的蓬勃发展，因为其允许外部团队使用该公司的两大平台——电子商务平台和物流平台。[3]

那么，亚马逊的外部团队又是如何运作的呢？如同公司内部的"两个比萨团队"一样，亚马逊持续追踪和衡量外部团队，实时掌握每个团队的交付结果。透明性和指标衡量可以将公司内部的创新和速度文化传递给外部团队。

团队效能可以通过适应度函数来衡量，该函数可以评估团队工作也就是团队投入所产生的影响。适应度函数是一组长期指标，旨在衡量技术 / 功能的影响力及效能。达成适应度函数是一个严谨的过程，且只有在组建"两个比萨团队"后才能进行，其最终结果是以客户影响力和股东价值来衡量的。

显然，这个策略在亚马逊是非常有效的。它必须始终牢牢地嵌入组织之中，对吗？但在亚马逊，没有什么事情是永远不变的。

思考题：

1. 你是否遇到过"项目一启动，发起人就离去"的情况？

2. 小型跨职能团队是如何影响关键功能的？

3. 在你看来，"两个比萨团队"的使命和目标是什么？

永不说永不
不要让过去的立场成为陷阱

当事实改变时，我会改变自己的看法。

——约翰·梅纳德·凯恩斯

我过去常跟别人说，我不是加利福尼亚人。我住在美国西北部，也同大多数美国人一样，喜欢嘲弄加利福尼亚人。"我永远不会搬到加利福尼亚州，"我逢人就说，"我可以去那里旅行，但绝不可能在那里定居。"后来，由于工作和家庭原因，我们一家2016年从西雅图搬到了加利福尼亚州南部。如今，我已经无法想象离开这里的生活会是什么样子。当然，也有几个朋友只要有机会就会把这事拿出来揶揄我一番。对此，我也只能耸耸肩，承认我已经改变了我的想法。或许，我还会再一次改变！

当然，这不是什么特别罕见的情况。想一想，你是不是也有很多次曾经说了某件事，还完全相信这件事，但后来又反悔了？

这样的情况经常发生。在我们根深蒂固的文化中，改变想法是一种缺点或弱点。但亚马逊不这么认为。

> **方法 21**　对大多数公司和团队来说，"数字化"需要各个层面上的变革：战略、商业模式、团队合作伙伴等。不要让过去的立场成为未来实施正确战略的制约因素。事情终归是会变化的。

亚马逊和杰夫·贝佐斯已经毫不犹豫地推翻了很多长期所持的立场和奉行的战略。在2009年的股东大会上，贝佐斯表示："广告是你为平庸产品付出的代价。"[1] 在成立后的头几十年里，亚马逊在电视广告或平面媒体广告方面基本没有任何投入，营销预算被用来资助免费送货功能。现在呢？无论是在美国国家橄榄球联盟（NFL）或美国职业棒球大联盟（MLB）的比赛中还是在机场，你都会看到亚马逊尊享会员或AWS的广告。

2016年，在被《财富》杂志执行主编亚当·拉辛斯基问及亚马逊是否已不如以前节俭时，贝佐斯回答说："有些事情很难衡量，你只能把它们当作信条。"正如拉辛斯基所指出的，若是政客给出这种回应，它毫无疑问会被解读为善变或为自己找借口，但从贝佐斯口中说出来，这便是"演变"。[2]

当我还在亚马逊工作时，我们认为不开设实体店是公司商业模式的天然优势。在那些年里，实体店对亚马逊来说是毫无必要的：

开设实体店就好像是在公司内部设立制片厂，制作旨在获得奥斯卡提名的剧情片和电视节目一样。现在，亚马逊不仅开设了实体零售店，还不止一种类型：亚马逊储物柜、亚马逊书店、亚马逊无人零售商店，以及遍布全美的 480 家全食超市。对了，亚马逊还设立了一家内部制片厂，制作旨在获得奥斯卡提名的剧情片和电视节目。

很多伟大的公司都曾因教条主义而陷入困境。容易将战略和核心能力混淆。时代在变，情况在变，所以战略也需要改变，管理层亦应该因应时势做出改变。谨记一点：不要被你过去所做的承诺束缚了手脚、限制了选择，因为在某种程度上，这种改变的能力关乎组织的存亡。

我可以列出很多一度声称决不在亚马逊平台卖货的品牌。它们中的大多数不是被迫重新考虑，就是失去了对渠道的控制权。你认为你永远不会直接面对客户吗？我可以向你保证，继续坚持走经销商渠道的销售模式，未来可能会面临严峻考验。

回声室效应

你有没有听说过证真偏差？证真偏差是人类的一种自然倾向，即通过寻找数据、报道或持相同看法的人来佐证自己的观点，确认你所相信的是真实、可信的。对创新者来说，证真偏差是一种非常危险的倾向，因为它限制你的输入信息，也限制了你处理这些输入信息的方法。在这样一种倾向下，你无法得知真正的风险和缺点，而这些都将会成为你的盲点。

亚马逊领导力准则第四条——决策正确的表述如下："领导者通常能做出正确决策。他们拥有卓越的业务判断能力和敏锐的直觉。他们寻求多样的视角，并挑战自己的观念。"[3]领导者要充分认识证真偏差，并积极寻求不同的意见和数据，以推翻人类固执己见的倾向。这对亚马逊的领导者来说或许是最不近人情的要求，但这也正是人们识别风险和识破偏见的方法。

亚马逊拥有超过 50 万名员工，如此庞大的规模使得公司成为劳工议题的焦点。2018 年，美国参议员伯尼·桑德斯呼吁正视企业员工时薪过低的问题，并将矛头对准了亚马逊。在员工福利、薪资和工作条件等问题上，亚马逊起初并不愿意回应。但在得知这个消息之后，它迅速做出了改变：

> 2018 年 9 月，亚马逊宣布将最低时薪调至 15 美元——比法定最低时薪高了一倍多——并自 11 月 1 日起在全球实行。"我们听取了批评者的意见，仔细考虑了该怎么做，然后决定带头示范。"贝佐斯在公布新的工资标准时表示，"我们对这一改变感到兴奋，也期望竞争对手与其他大雇主加入我们的行列。"[4]

你的回声室效应是什么？问一问自己："哪些假设、战略、信念或价值观，过去对业务发展是有利的，但现在可能会限制我们前进的步伐？"试着从客观角度去评估公司的商业模式。在招聘员工时，要聘请那些会不断问为什么的人。墨守成规，不思改变，则可能会重蹈柯达错失数字化机会的覆辙。

柯达是数码相机的先驱，却不曾从中获利。另外，在消费者希望能与照片互动的时候，柯达又一次错失机会，忽视了随之而来的技术和周边市场力量。[5] 我敢打赌，柯达肯定希望时间能够倒退 20 年，以便早一点儿承认自己的错误。

你觉得这一切不会发生在你身上吗？

思考题：

1. 公司的高层领导是否会积极挑战自己的观念？

2. 是否有一些核心假设限制了你对业务的定义？

3. 你的策略中可能存在哪些盲点？

> 我们重复的行为造就了我们。因此，
>
> 卓越不是一种行为，而是一种习惯。
>
> ——亚里士多德

媒体经常使用"亚马逊效应"来描述亚马逊对行业通常是零售业的影响，或是谈论亚马逊如何显著改变消费者的预期。

亚马逊不断颠覆市场，因而总能吸引外界的广泛关注，但实际上，亚马逊效应无非是卓越运营的结果。毋庸置疑，亚马逊对各行各业产生了深远影响，但其成功背后的真正力量，是极为丰富的产品、优惠定价、快速交货、诚实可信、友好的退货机制和一流的售后保障。那么，在如此庞大的产品类别和如此广泛的地域分布下，亚马逊每天又是如何将这些无形价值带给 99.99% 的客户的呢？答案就是坚持不懈。

在亚马逊，任何事情——每一个流程、每一种客户体验和每一项功能——都有自己的改进计划和路线图。尽管其中大部分都不会得到资助，但计划还是有的。相比之下，在传统公司，除了偶尔的改组之外，各项流程基本不变，年复一年沿用。而且，改进通常因循企业资源计划（ERP）的系统升级周期，并受其推动。

> **方法 22**　所有行业以及体验领域的客户预期都在上升。要想满足这些预期，并在数字时代赢得竞争，就要靠卓越运营。数字化体验和物联网为强化各种卓越运营项目提供了机遇。

从亚马逊的领导力准则和发展史来看，持续改进始终受这家公司关注。贝佐斯起初将他创办的公司命名为 Relentless.com。事实上，在浏览器地址栏输入 www.relentless.com，仍会跳转至亚马逊网站。虽然他最终没有使用 Relentless 给新公司命名，但坚持不懈仍然充分反映了亚马逊的本质。通过至关重要的领导力准则和对科技力量的坚定信念，亚马逊致力于不断探索和重塑自己。持续改进已然成为公司文化的关键组成部分。

我的好朋友戴维·伍德是 Eventene 公司的创始人，该公司销售协助客户处理复杂事件的应用程序。我们曾经讨论"数字化"意味着什么。戴维表示，在很大程度上，数字化就是"坚持不懈地降低低效"。"降低低效"并不是削减成本或裁员的委婉说法，它指的可以是质量问题、周期、客户联络，以及其他诸多问题。这是利用数据开展创新来解决影响客户、员工安全、竞争力和盈利能力等问题的机会，也是对亚马逊永恒追求的一个很好的总结。

亚马逊的评估流程强化了全公司范围内的这种预期。该流程评估员工的特质，比如他们对持续改进的承诺："不停地寻找让亚马逊变得更好的方法。在做决策时着眼于长期成功。开展调研并采取措施，以满足客户当前和未来的需求。敢于提出大胆的想法和目标。在尝试新的方法时展现胆识和勇气。"

当然，亚马逊不是唯一通过持续改进来提升价值的公司。下面提到的一些商业方法论，你可能并不陌生，它们都受到了"持续改进"的启发：

精益：以更少的资源创造更多的客户价值的理念。

丰田生产系统（TPS）：一种旨在消除一切浪费的管理方法。TPS 包含一系列关键策略，比如准时生产（JIT）的库存需求和管理信息。

统计过程控制（SPC）：一种通过统计工具来达成并维持质量水准的系统。统计过程控制强调从根本上消除异常。

ISO 9000 质量管理标准：一组基于 8 项质量管理原则的质量认证标准，包括持续改进和基于事实的决策。

六西格玛：一套基于数据驱动的方法，旨在消除缺陷、降低成本和减少浪费。

这些策略允许员工收集数据，并依据数据所提供的见解采取行动，也鼓励他们从内部推动变革，开展改进活动。各种联网设备的引入和普及，改变了数据博弈的规则，使得实时反馈成为可能，进而助力持续改进计划。设备联网技术为企业追求卓越运营注入了强大的推动力。在以往以人工方式收集数据的世界里，组织只能获得有限的过时的数据集，收集的速度也很慢。而今得益于技术的进步，组织完全可以利用庞大的负担得起的实时数据流。它们就可以专注于内部系统的持续改进，这样不仅可以节省时间和金钱，还可以提高生产率和一致性。

从优秀到卓越

从订单的履行、运送、追踪和交付来看，今天的亚马逊已经达到世界一流的水平。但这样的成就并不是一蹴而就的。通过不断衡量、改进和执行，亚马逊致力于实现其伟大的目标。持续改进已经成为它的行事方式。

亚马逊专注于持续改进，将其嵌入公司文化，不断提升运营水平并将其内化为传统。正因为如此，它才能在世界范围内打造出高质量、低成本的设施。截至 2016 年，亚马逊已经在全球 14

个国家和地区建立了 300 个订单履行中心。[1]

品质如一的设施让亚马逊有了为客户提供一流服务的信心和能力。比如，亚马逊的家庭杂货配送服务——亚马逊生鲜，让客户在下单 15 分钟内就能提货。这类客户服务需要异常强大的预测和执行能力，而这些能力正是以亚马逊世界一流的供应链为后盾的。

若非亚马逊充分利用联网设备及其提供的数据，这类客户服务不可能达到如此精准的程度。

21 世纪初，亚马逊订单履行部门和运营部门的领导者决定实行六西格玛管理方法，这是一套以数据为驱动的旨在消除流程缺陷的五步法。定义、度量、分析、改进和控制，即六西格玛管理中的工具 DMAIC。这是一个从根本上对流程进行改进的循环，同时建立了有条不紊的可测量的步骤以及与之对应的思维方式，旨在消除缺陷、降低成本、缩短周期。

六西格玛是由摩托罗拉工程师比尔·史密斯于 1986 年率先提出的。1995 年，杰克·韦尔奇将该方法运用到通用电气公司里，取得了极大成功。这个术语本身是用来描述制造流程的，即无缺陷率达到六西格玛水平。换句话说，制造流程的准确率为 99.999 6%。

完成六西格玛计划的挑战之一是要付出大量精力收集数据，这通常会占工作量的 25%。以人工方式收集数据不仅困难，也不准确，当然这还要看具体的项目。数据本身往往会存在质量问题，可能是受偏见的影响，也可能是因为时间和精力不够。正因为存在这些挑战，六西格玛以一组实证和统计学的质量管理方法来认证专业人士，帮助他们成功执行流程。组织聘请这些专业人士负责六西格玛流程，确保每件事情都能圆满完成。

六西格玛有多个认证等级，但谈及最多的是"黑带"。黑带级专业人士接受过大量培训，对如何应用六西格玛有着深刻认识。他们通常是敏捷的问题解决者和优秀的项目经理，常常扮演促进者和协调者的角色。他们擅长收集数据，有深厚的统计学和数学背景。

可以想象，拥有这些技能的人是非常受欢迎的，而且薪酬很高。在组织内部打造一个黑带团队，是六西格玛计划最大的成本驱动因素之一。

这时，数字化就派上用场了。

利用联网设备收集数据，可以把组织中的黑带级专业人员解放出来，从而使得他们有余力处理更多项目。此外，这也可以加快六西格玛计划的执行速度，并获得更丰富和更可靠的数据集。

借助联网设备，你可以清楚地看到公司的运营状况，实时掌握流程中关键项目的数据流、状况和状态。这不仅可以强化你对改进环节的了解，还构建了一种在流程中内置积极的质量和度量指标以扩大运营规模的方法。

在将六西格玛整合到运营中时，亚马逊在 SLAM 流程中经历了脱节现象。所谓 SLAM 流程，实际上是一个涵盖商品扫描、贴标和清单打印的流程。举例来说，当客户在亚马逊下单订购打印机时，该打印机会在订单履行中心被打包、贴标和分拣，并通过配送中心分流，然后被装到外面的货车上。这就是整个 SLAM 流程。在高峰时期，亚马逊每天运送超过 100 万件包裹。

在引入六西格玛后，包裹一经贴标就被从传送带上取下，然后通过人工分拣的方式被送到正确的装卸站。大多数时候，这个流程运作顺畅，但缺少一道确认程序，即包裹最终是否被送上了正确的货车。而且，在运送过程中，无论是亚马逊还是客户，都无从掌握包裹的确切位置。正因为如此，包裹分拣错误的情况偶尔会出现。

分拣偶尔错误看起来并不是什么大事，但一整年下来，像亚马逊这样的公司就会损失数百万美元。更重要的一点是，即便只出现了一次分拣错误，也会损害亚马逊对客户许下的基本承诺：所有订单都会准时被送到客户手中。

对亚马逊来说，解决方法就是创建一个自动确认系统，也就是在流程中引入"可见性"，确保包裹在贴标之后能够准确无误地流转于各个物流站点。从概念上讲，这是一个非常简单的变化，但实际执行起来异常复杂。

亚马逊的执行方法是在运送系统中安装传感器和读取器。当包裹进入 SLAM 流程时，传感器会自动扫描包裹上的条码。由于包裹已经被扫描到特定目的地的集结区，所以传感器允许亚马逊在任何时候都可以在 SLAM 流程中追踪特定包裹的下落。此外，在将包裹装送进货车的过程中，如果装送错误，装卸区门口的扫描仪会立即发出警示。

通过为包裹创建自动确认系统，亚马逊将分拣错误降低到了六西格玛的 0.000 4% 的精度范围内。换句话说，在每 100 万件包裹中，分拣错误的包裹不到 4 件。

完美是一个永远都难以达到的目标。要求事事完美只会让人精疲力竭、受挫。那么，继续前进的秘诀是什么？你必须坚持不懈……还要请人代劳。

思考题：

1. 你的组织是否取得了卓越运营的成效？

2. 你是否通过卓越运营实现了流程改进，获得了重大创新思路？

3. 团队领导者是否接受过卓越运营方面的培训？

4. 传感器和物联网是如何提升卓越运营的影响力的？

> 我选择一个懒人去做一项艰难的工作，因为懒人会寻找捷径。
>
> ——比尔·盖茨

原创想法总是缺乏的。然而，任何人都可以用现有的绝妙点子装满自己的工具箱，并学习如何在恰当的时间运用恰当的方法。比如，当年在安达信会计师事务所担任咨询合伙人时，我知道有人已经开发出了可在工作中助我一臂之力的方法、工具、提案或分析结果，而我要做的就是知道如何找到它们。

正如吉姆·柯林斯所指出的，最好的胜过最先的。"从技术和经济变革的全部历史来看，第二个（或第三个、第四个）市场进入者战胜市场先驱者的例子并不少见。"柯林斯在 2000 年时写道。他还列举了 IBM、波音、美国运通和迪士尼等公司，佐证自己的理论。[1]

为什么？因为最先进入市场的企业并不是总能把事情做好。紧随其后的企业往往能获悉市场先驱者所做的一切，也就不会再犯代价高昂的错误。如果你爬过雪山，那么你就会知道，跟在第一名后面走容易得多，因为你不必在覆盖着厚厚积雪的斜坡上率先开路。

虽然柯林斯的理论专注于宏观组织层面，但在许多方面，它也适用于组织内部的微观层面。即便是亚马逊，也无法实现大多数业务活动的自动化。面对这个现实，我最喜欢的策略之一就是OPW策略。在很多情况下，对于那些无法避免的剩余体力劳动，最好的方法就是请人代劳，激励他人帮你做。

> **方法**
> **23**
> 对于那些重复性高、量大或骤增的工作，想方设法找他人帮你做。在保护品牌和保持客户体验的同时，让外部人员成为核心功能的关键贡献者，将有助于改变公司的底层技术和运营理念。

OPW策略与土耳其机器人

要建立一个拥有无限种产品的电子商务网站，你需要完成很多任务，但你只需要考虑其中两项任务即可：第一，评估产品影像的质量；第二，撰写清楚且准确的产品说明。这两项任务都不是电脑所擅长的。亚马逊的做法并不是招聘大量人员来完成这些琐碎、永远都看不到头却极其重要的任务，而是把任务交给它的客户和合作伙伴。亚马逊开发了一个产品影像管理工具，收集客户反馈，允许客户比较影像，同时为客户提供了举报渠道，以便举报那些有冒犯性或与产品无关的内容。这是一个极为有效的工具。

不久之后，亚马逊开始利用OPW策略来管理其他无法实现自动化的流程。尽管在引入初期曾引起争论，但客户评价可能是亚马逊最知名的利用OPW策略的例子。成千上万的客户承担了撰写产品说明以及对产品进行评价和分类的工作，进而惠及数以百万计的其他用户。

只要方法得当，几乎任何一家公司都可以找到利用OPW策略的机会。我当前的很多客户都发现，让供应商、客户或商业合作伙伴来执行其更擅长且有更大动力的任务，是推动业务转型的重要举措之一，还能大幅削减成本。

亚马逊关于OPW的基本概念，最终被转化为可供他人使用的名为"土耳其机器人"的平台。这是一个线上市场，为企业提供了一支按需雇用的、可扩展的、灵活的自由职业者大军。这些自由职业者可以帮助企业做一些零散的手工劳动。每天都有无数公司通过这个平台获取世界范围内的劳动力资源。当然，在这个过程中，亚马逊也是有钱可赚的。

时至今日，优步和爱彼迎等公司在 OPW 的概念上更进一步。除了请人代劳之外，它们还利用他人的资产——具体来说，就是他人的汽车和房屋。

OPW与第三方卖家平台

我加入亚马逊的任务之一是打造第三方卖家平台，而当时这个领域的主导者是易贝。易贝秉持自由放任的态度，它只是简单地把卖家和买家联系起来，对客户体验以及买卖双方之间的信任关系并不上心。如果你搜索某一特定型号的相机，你可能会得到一页又一页的单一产品列表，既无助于了解各个产品，也无助于比较它们的价格。（顺带说一句，易贝后来在很多方面都做了重大改变和改善，主要是由于来自亚马逊商城成功的压力。）

相比之下，我们定义了三个主要设计原则，而这对亚马逊建立第三方市场业务来说是非常重要的。

第一，向客户展示单一商品，同时附上易于比较的同类商品报价清单。我们把这一设计原则称为"商品授权"，即为商品创建单一定义，允许包括亚马逊在内的多个卖家报价，向客户销售该商品。我们希望打造一个卖家争夺订单的市场，从而让客户受益。

第二，让客户信赖第三方卖家，就如同他们信赖亚马逊一样。我们通过多种方式贯彻"卖家诚信"的理念。

第三，提供卓越的卖家工具，包括各种销售方法和丰富的数据，帮助卖家在亚马逊平台经营业务。对小型卖家来说，他们需要便于操作的简单工具。对那些经验丰富的出货量大的卖家来说，他们需要各种不同的集成功能。这就需要开发诸如文档、运营指标、测试环境和专业的服务合作伙伴之类的工具，一方面帮助卖家取得成功，另一方面也助力亚马逊维持团队的小型化。

这显然是一个雄心勃勃的计划，需要在卖家和亚马逊之间进行高度复杂的整合。对我来说，有一点是非常明显的，那就是亚马逊根本没有足够人力来管理这样一个规模如此庞大的平台。我们必须把第三方市场打造成自助式的。我们必须为卖家提供简单易操作的高度直观的工具。此外，我们必须提供一个系统，将那些低于标准的卖家赶出市场，以维护客户对平台的高度信赖。

我们很快就意识到，实现这些目标的唯一方法就是利用OPW策略。幸运的是，杰夫·贝佐斯批准了这个旨在通过搭建自助平台扩大业务规模的计划。

在制定策略时，亚马逊仍将利用OPW策略作为"第一原则"或基本理念。举例来说，亚马逊弹性快递服务Flex（由独立的司机在亚马逊订单履行中心取送包裹）的核心就是OPW。在包裹配送方面，亚马逊Flex类似于优步模式，拥有汽车的独立人士在亚马逊签约。他们驾驶私人汽车抵达亚马逊订单履行中心，收取指定包裹，并用自己的车配送。按照亚马逊Flex应用程序的导航功能，司机为客户提供送货上门服务。这一独立的代理人模式，为亚马逊解决零售业务的"最后一公里"送货问题提供了另外一个选择。

在你的组织内，有哪些功能需要利用OPW策略？简单地雇用承包商是方法之一，但一般来说，它无法提供技术所具备的杠杆作用、经济优势或可扩展性，来装备一支灵活的劳动力队伍，且有激励机制使他们完成工作。不要忘了，你依然要为质量和结果负责，而具体到技术层面，就是开发卓越的追踪和衡量指标，确保质量无虞。

在这方面，贝佐斯最偏爱的技术之一是强制功能。所谓强制功能，实质上是一套指导方针、限制条件或承诺，通过强制功能，你无须费心管理所有细节即可实现预期结果。

思考题：

1. 在你的业务中，哪些手工活动会受益于 OPW 策略？

2. 你能否开发合适的工具来创建并管理定义明确的小件工作？即便工作是外部完成的，其对企业内部的改进是否也有帮助？

3. 你如何打造弹性人力资源，以应对企业骤增的工作量？什么样的数字化战略能有所帮助？

强制功能的魔力
助力团队取得成功

> 若想把一件事情做好，那就亲自动手。
>
> ——拿破仑·波拿巴

不必事事躬亲就能得到正确结果，领导者该怎么做？既要发展敏捷性，又要维持成功的高标准，企业该怎么做？既要为团队赋权，又要最大限度地降低风险，你该怎么做？你若对团队管理过度，则会阻碍团队的发展，也会阻碍团队成员的成长，使得他们难以进入领导层。你若漠不关心，疏于监督，则有可能会为糟糕的结果担责。亚马逊的秘诀之一是什么？强制功能。

所谓强制功能，实质上是一套指导方针、限制条件、要求或承诺，而通过其强制性或指导性，你无须费心管理细节即可实现预期结果。在亚马逊，强制功能是一项强有力的技术，用于贯彻战略、推动变革或确保困难项目落地。

本书讲述的很多方法都属于强制功能。比如事先与团队就相关指标进行深入讨论，这样一来，领导者就不必时刻紧盯团队，因为她或他知道该团队在不断衡量的是正确的结果。强制功能必须提早部署，要从战略上进行设计，而且在此期间，要保持公开与连贯的沟通，要让团队知道"这是强制功能"。

简而言之，强制功能就是一种行为塑造及约束手段，与高速公路上的车道分隔带护栏相似，其存在的目的就是确保你的项目或目标不会偏离预定的方向。

> **方法 24**　要想在获得正确的结果和避免官僚主义及集权管理之间取得平衡，领导者必须开发可协助获得正确结果的方法，把自己从密切关注团队或功能的事务中解脱出来。这些方法被称为强制功能。在项目或战略实施初期就按预期设计好这些方法，同时为项目负责人赋权，让他们依照明确的授权和预期运作项目。

第三方卖家：创新简化

亚马逊领导力准则"创新简化"的最佳案例之一，就是我最初加入亚马逊时所负责的项目——第三方卖家平台的开发。

2001 年底，我尚在西雅图的一家科技初创企业工作，同时积极寻找下一个重大机会——既指我自己的职业发展机会，也指整个商业领域的发展机会。早前在安达信会计师事务所工作时的同事贾森·蔡尔德向我引荐了贾森·基拉尔。（顺便说一句，基拉尔后来创办了流媒体 Hulu，并担任首席执行官。）他们邀请我参加亚马逊的面试，并告诉我，成功的候选人将会负责开发和运营一项允许第三方在亚马逊平台售货的业务。

在接下来的两个月里，我参加了亚马逊的 23 次面试。毫无疑问，这是我经历的最耗费精力且竞争最激烈的一次应聘过程。在整个面试过程中，我们所做的就是不断改进策略，同时进行头脑风暴，为第三方卖家业务出谋划策。那时亚马逊已经开发了一个线上销售平台，即 zSHOP。但不幸的是，该平台的客户体验非常糟糕，而且在库存方面存在重大问题。我记得自己当时心想："好吧，想法已经有了，但我听到的是一些相当模糊的计划和预期。"

我最终应聘成功，负责打造亚马逊的第三方业务，成为公司第一位商家整合负责人。亚马逊计划在 2002 年底上线服饰销售类别，我亲自管理即将入驻该平台的商家（卖家），其中包括诺德斯特龙、盖璞、艾迪鲍尔和梅西百货。但同时，我要让亚马逊的第三方卖家拥有和客户一样的体验——高效且顺畅的体验。我们意识到，如果没有卖家体验文化，那么这项新业务将不会取得成功。为此，我们将"卖家成功"作为我们的使命。

我们利用一篇未来新闻稿（参见方法45）将强制功能部署到位。该新闻稿表示，"午夜时分，第三方卖家无须跟任何人沟通，就能注册、上架商品、接收订单，并为客户提供卓越的服务体验，整个过程就像亚马逊自己操作一样"。这段简单的陈述表明，在亚马逊商城和我们的卖家之间，需要进行大规模的整合和运营协调。我们需要扩大卖家的规模——成千上万的卖家将入驻商城，但同时无须等比例地增加人手。平台必须是自助服务的。这一强制功能发挥了其应有的作用。我们设计工具、流程、指标和监测体系，卖家只需极少的平台支持，就能在亚马逊上线和运营业务。然而，我们知道，卖家也知道，他们是不是在以亚马逊所要求的质量标准服务客户。

强制功能的另一个例子是直接人员和间接人员的概念。就一个项目而言，直接人员通常包括系统开发工程师、技术项目经理，以及洽谈合同人员如负责供应商事务的经理。在贝佐斯看来，这些是建立一家扩展型公司所必需的基本技能。其他所有人员被视为间接人员，即那些不能直接创造更好的客户体验的人。在该强制功能之下，直接人员的招聘比较容易得到批准。然而，间接人员的招聘就会受到限制，且必须证明人员数量会随着业务的发展而相对减少。

在打造第三方业务的过程中，我招聘的间接人员包括客户经理，其工作内容是协助商家完成与亚马逊平台的整合。起初，这些客户经理一次可以上线 15~20 个商家，但很快，商家数量就被提升到了 50~100 个。最后，这个数字变得非常庞大。这得益于若干策略的实施，比如为卖家提供多种入驻亚马逊的方法；创建说明文件和示例；提供测试环境和认证流程，以便卖家开展上线前的评估工作；打造合作伙伴生态系统，为卖家提供必要的咨询服务。该强制功能完全达到了预期目的——随着时间的推移，我们开发的功能和流程变得越来越顺畅，也越来越高效。

我们的商家整合团队开发工具、指标、数据和警报系统等功能，帮助卖家履约，并确保卖家遵循亚马逊设定的高标准，进而达到满足客户预期的最终目的。我们还开发了各种各样的技术和运营工具，监测卖家的履约情况。比如，我们会巡查卖家商品在其自身网站的价格和可获得性的情况，确保价格不低于亚马逊商城，购买便利性不高于亚马逊商城。同时，我们还会记录和标记那些做出不切实际承诺或未能信守承诺的卖家。

最终，基于卖家和客户之间的所有接触点以及商家所做的所有承诺，我们开发出了卖家诚信指数。"我的商品描述准确吗？""我的订单处理及时吗？""我的退货管理得当吗？""我的客户反馈良好吗？"诸如此类的问题，每一个卖家都可以追踪并会获得答案。这些结果汇总成诚信指数，进而得出每个卖家的诚信分数。我们会通过很多功能和算法奖励诚信高的卖家，比如在搜索结果排名中把他们排到最前面。这样一来，第三方市场就会进化成一个高效率的基本上自主的高品质市场。对那些诚信分数非常低的卖家，我们的管理团队会和他们进行各种谈话，若后期无明显改善，则会做下架处理，将其移出亚马逊平台。

同样重要的还有商品授权。乍看上去，商品授权似乎是一个很简单的功能，但实际上，它可能是商家计划中最能体现创新简化准则的一项发明，也是我们取得成功的一个重大原因。为增加商品的可选择性，提升商品的可获得性，强化商品价格的竞争性，我们与销售同一产品的若干商家签约。商品权限将销售同一产品的不同商家整合到同一个页面上，促使他们在价格、可选择性和可获得性等方面相互竞争，并显著提升客户体验。客户不用一页又一页地寻找最划算的交易——这实际上是当时易贝的做法——我们把最有竞争力的选择整合到同一处，呈现给客户。

综上所述，所有创新都取得了显著成效。如今，亚马逊商城的第三方卖家已经超过 200 万个，其出货量和销量约占亚马逊所有产品的 50%。

强制功能创意

哪些类型的强制功能可以在策略或项目实施初期就部署到位，从而让领导者拥有更大的自主权和授权以推动项目开展？

一个重要的方法就是撰写叙事报告（参见方法 44）或未来新闻稿（参见方法 45），因为它们可以清楚地阐明相关要求或预期结果。重要的是描述这些要求或结果，而不是讲如何实现。关键目标和重要指标都是非常棒的强制功能，但要审慎使用。重点关注投入指标，也就是团队基本可控的指标，而不是营收等产出指标。因此，"将质量误差降低 90%"或"系统延迟时间最多为 0.5 秒"之类的目标是合适的，而"将一季度的营收提升到 200 万美元"之类的目标，则算不上好的强制功能。它们可能是很棒的目标，却不具有约束性，也不会提供实现路径，也就是说，它们无法强制实现某种结果。

你如何知道公司的强制功能是否在发挥作用？强制功能可以加快创新速度，协助你更好地执行并取得更好的硬性结果，而且突然之间，企业飞轮将开始加速旋转。那么，飞轮又是什么呢？

思考题：

1. 你的组织是否在使用强制功能？这些强制功能是否

发挥了作用？

2. 强制功能在哪些方面可以帮助取得更好的结果？

3. 你是否会持续追踪先前所做的承诺，并在后期评估过程中以这些承诺为主题？

打造飞轮
策略开发中的系统思维

> 消费者是生产线上最重要的。
>
> ——W.爱德华兹·戴明

　　亚马逊的零售飞轮非常有名。它究竟是什么呢？简单来说，它就是一个由关键目标或计划驱动的自我强化的循环或系统图。飞轮的比喻指庞大而沉重的机械装置——它缓慢转动，聚集动能（生产和储存能量），然后达到一种类似于自我永存的状态。这就像工厂中的动力效率，而对企业来说，则是业务的不断增长或扩张。它是一种良性循环。

　　在亚马逊，领导者通过投资增强飞轮动能，加快飞轮转速，并持续开发飞轮。时至今日，亚马逊的团队仍在解释其建议或创意是如何增强飞轮动能的，或是如何与飞轮紧密联系的。用吉姆·柯林斯的话来说，推动飞轮转动的力量有大有小，但每一次努力，无论力量大小，都代表着飞轮上累积动能的一部分。[1]

把你的企业看作一个飞轮，看看哪些因素将会产生和维持业务增长的最大动能。这将有助于确定最重要的杠杆。

方法 25   运用系统思维研究和分析你所在的行业或你试图改进的情况。一旦你有了达成目标的想法或假设，立即着手打造一个简易版的系统，也就是通常所称的"飞轮"，用来协助测试你的策略，然后就你的逻辑和计划与他人交流。

飞轮的协同效应

亚马逊零售业务的数量和多样性堪称传奇，但该业务的核心理念即飞轮理念，可能是杰夫·贝佐斯从战略大师、《从优秀到卓越》的作者吉姆·柯林斯那里借用的。飞轮理念不仅是一个强有力的业务战略，还是一个有效的沟通工具，可以用于解释那些有时会让员工和外界人士感到困惑的决策。

2002 年初，亚马逊飞轮的动能相对有限。我的任务是对这个飞轮的关键部件施加显著影响——引入成千上万的卖家，让亚马逊平台的商品选择增加数百万种。当时，几乎所有的选择即存货单位（SKU）都集中于三个类别——图书、音乐和视频，而其中几乎所有的商品都是采购之后转售的，第三方卖家的参与非常有限。

此前，亚马逊已经两度尝试推出第三方卖家计划，但均以失败告终。贝佐斯做过这样的描述："亚马逊商城早期的发展并不理想。最初，我们推出了亚马逊拍卖。我想它可能只有7个客户，如果把我的父母和兄弟姐妹也算上的话。亚马逊拍卖后来转型为zShops。这基本上就是一个固定价格版的亚马逊拍卖，同样没有客户。"[2]

这些早期计划之所以失败，主要原因就是亚马逊并没有为它们所试图吸引的客户创造足够便利或足够简单的条件。针对卖家（客户1）开发的工具数量非常有限，而且难以操作；针对买家（客户2）开发的搜索工具和购物工具数量同样有限，也难以操作——在购买第三方产品时，他们不得不单独下单、单独结账。

作为新任商家整合负责人，我新工作的很大一部分就是在业务中引入"卖家至上"理念。相对亚马逊领导力准则中的客户至上而言，这是一个新的变化。我们知道我们要为卖家开发卓越的工具，要为他们打造卓越的业务，唯有如此，我们才能达成我们想要的良性循环。

为此，我们采取了一些在当时看来非常激进的措施。比如，我们开放了亚马逊最具价值的零售资产，即商品详情页，允许第三方卖家同我们自己的零售类别经理竞争。

"这对客户来说是非常便利的，在短短一年内，第三方卖家就占了我们整体销量的 5%，"贝佐斯解释说，"如今，在亚马逊平台，全球超过 200 万个第三方卖家贡献了 40% 以上的销量。2014 年，客户从卖家订购了超过 20 亿件商品。"[3]

这一混合模式成功加快了亚马逊飞轮的转速。客户最初选择亚马逊，是因为该平台销售的商品种类繁多，价格实惠，而且有着卓越的购物体验。随着第三方卖家的引入，我们对客户的吸引力越来越大，反过来，这又吸引了更多卖家的入驻。此外，这也进一步提升了我们的规模效益，让我们有了更大的降价空间，并可为符合条件的订单免除运费。

在美国推出这些项目之后，我们又以最快的速度将其推广至全球其他业务区域。结果就是，亚马逊商城完美融入我们的全球网络。[4] 现在，让我们回顾一下亚马逊是如何构思和利用飞轮的。

飞轮的力学原理

亚马逊的原始飞轮看似简单，但实际上非常细致（见图 25-1）。贝佐斯推断，更低的价格和卓越的客户体验会吸引客户。

高流量会进一步提升销量，进而吸引更多的支付佣金的第三方卖家的入驻。每增加一个卖家，都会摊薄亚马逊的固定成本，比如订单履行中心的成本和运营网站的服务器的成本，亚马逊从而获得更高收益。更高的收益又会进一步加大降价空间。更多卖家的入驻，会带来更多的商品选择。这些效应叠加，会形成一个良性循环，周而复始地推动客户体验的提升。

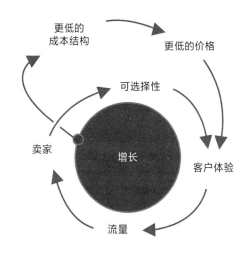

图 25-1　亚马逊的原始飞轮

资料来源：亚马逊。

当我还在亚马逊工作的时候，我们利用飞轮开展重要投资活动，确定这些投资是否合理，以及如何协调这些投资，等等。同时，我们还利用飞轮原理去了解其他公司——它们虽然可能会被视为竞争对手，但实际上也可以发展为重要的合作伙伴。这有助于实现我们的长期目标。通过飞轮，你可以看到那些难以觉察的机会，你可以排定合作伙伴和客户的优先级。贝佐斯常说："我们愿意被长期误解。"[5]这些"被误解"的领域，往往是亚马逊各项策略的关键杠杆支点，而这些策略都建立在系统动力学之上。

设计飞轮

打造企业专属的飞轮，会给你带来三重价值：更深入和更广泛地了解所在行业，包括相关机遇、风险和死区；明确策略，排定各项行动的优先级；开发模型，便于你向他人传达此策略。

设计飞轮的 6 个步骤

1. 拟定初步定义和范围说明。

2. 圈定关键的名词和变量。

3. 对这些名词和变量进行合理解释和分组。

4. 建立因果关系图。

5. 持续改进和简化模型。

6. 确定该模型的含义。

打造飞轮需要多长时间？可能比你想象的长。这不是一项午后运动。杰瑞·宋飞在其纪录片《喜剧演员》中谈到，完善技艺"要去让人汗流浃背的健身房"。这些类型的模型和策略必须经过压力测试，必须在工作中进行，就像你去健身房一样，要汗流浃背地锻炼，要不断磨砺自己，只有这样才能定义和改进飞轮，并从飞轮中获得价值。如果你没有经历过几个顿悟的时刻，那可能是因为你做得还不够深入。当你有疑问时，你就要寻找方法来减少摩擦，进而加快飞轮的转速。

思考题：

1. 你是否拥有所在行业或企业的系统模型？

2. 该系统模型是否有助于明确或传达企业策略？

3. 该系统模型是否揭示了创建良性商业循环的机遇？

4. 你是否能够轻松且始终如一地传达企业策略的本质和机制？

为何如此艰难？
通过减少摩擦来开展创新

方法
26

里面有人吗？

如果你能听到就点点头。

家里有人吗？

——《舒适的麻木》，大卫·吉尔摩、罗杰·沃特斯

旅游城公司的创始人特里·琼斯曾告诉我，亚马逊最具创新的就是将二手商品和全新商品陈列在同一个页面售卖。这并不是什么变革性技术，只是一个非技术性功能。

令人意外的是，在亚马逊改变游戏规则的创新中，很多本质上都不是技术创新，还有不少是在公司创立初期推出的。在同一页面陈列新旧商品之类的很多创新，不再给人耳目一新的感觉，因为业界纷纷效仿，现在已经成了数字零售的标准操作规程。

这些创新还有什么共同点吗？它们允许客户以其所希望的

方式经营业务，从而减少摩擦。革命性的，对吧？他们想要什么，亚马逊就给他们什么。杰夫·贝佐斯会告诉你，客户无论如何都会做这些事情，为什么不给他们提供便利呢？这乍听起来或许让人觉得反常，但当你减少摩擦并提出全新观点时，突破性创新就会成为可能。

> **方法 26** 在听到"创新"这个词时，大多数人想到的是技术创新。在亚马逊最具影响力的创新中，很多都运用了技术，但真正的创新之处在于，它们成功减少了与客户之间的摩擦。

如果你想开展创新活动，留意你的产品或服务所带来的摩擦。哪些地方还应该进一步改善？找出让客户产生挫败感的根源，以及产品或服务让客户感到不满的方面，避免陷入"舒适的麻木"状态。提升客户体验，通常能同时改进运营和支持成本。

亚马逊的摩擦之战

没有哪家公司能像亚马逊那样，以极大的热情和决心消除所有的摩擦。就我最喜欢的创新而言，除了在同一页面陈列新旧商品，还包括每日免费送货、真实客户评价、多个商家销售同一商品，以及"我的包裹在哪里"功能。

难以想象的是，在电子商务崛起之前，通过印刷目录订购是客户在零售店购物之外的唯一替代选择。这种购物方式的送货时间很长，通常需要 10~14 天，而且客户很难知道他们的订单进行到了哪一步。这一客户摩擦点给亚马逊带来了灵感，进而推出了名为"我的包裹在哪里"的功能。"我的订单发货了吗？我的订单到了吗？我如何处理丢失或损坏的商品？"对于这些摩擦点，客户都可以在亚马逊网站的"我的包裹在哪里"功能中轻松解决。

要想制定减少摩擦的策略，你就要把自己视为一个新客户，抱着新手的心态。如此一来，你就会问"为什么会这样"，进而质疑那些塑造你的见解的所有经验、假设或偏见。以新手的心态深入发掘客户体验，你就会找到那些需要消除的摩擦点。下面，让我以药房的客户体验为例予以说明。

恳请亚马逊开一家药房

加利福尼亚州南部，一个晴朗的周六早晨。在看完医生之后，我去当地一家药房领取处方药。这也是一家全国连锁店。店内很安静。有一名客户在取药窗口正和店员交谈。排在我前面等着取药的还有一名上了年纪的女士，她穿着一身慢跑运动服。除了取药窗口的店员之外，后台还有两名药剂师。另有一名员工在药剂师柜台后方，紧盯着10英尺高的货架的过道。我心想应该不会等太长时间，因为店里的员工比客户还多。

就在第四名客户排到我后面时，取药窗口的那名店员大喊了一声"马上就到你们了"。尽管跟柜台前面的那名客户相隔10英尺远，我们还是无意中听到了他们的对话。这让店内的每一个人都略感尴尬。我只好低头看自己的鞋子。那名店员把药剂师喊了过去，问起处方的事情。

5分钟过去了，前面的那名客户终于拿到了自己的药膏和片剂。在他离开之后，那名身着慢跑运动服的上了年纪的女士满怀期待地走向柜台，并报上了自己的名字。那名店员向她点头致意，然后开始查找按照字母顺序排列的药袋，但没有找到。这名女士又说了一次自己的名字，店员重新找，同时解释说，有时候药袋会被放错地方。那位女士说，她在一个小时前收到了药物已经备好的短信。然后，店员拿起一个红色的大篮子，里面装着还没有放在架子上的处方药，然后开始一一找。

"找到了！"店员兴奋地说，然后把那位女士的处方药高高举到空中，就像是中了彩票一样。

到付款的时候了。店员问她有没有积分卡，女士摇了摇头。她不需要，也可能是她不想再给自己找麻烦，只希望尽快拿药离开。谁能怪她呢？她的这次交易没有留下记录，也没有登记到会员卡里。

此时轮到我了。

"姓名？"店员问。

"约翰·罗斯曼。"

"格罗斯曼？"

"不，是罗斯曼。R, O, S, S, M, A, N."

店员找到处方药，然后拿了过来，并问我要医保卡。我把卡递给店员。店员看后说我有新的医保，让我到一旁先坐着等。

"为什么？"

店员没有回答，我只好顺从地坐到一旁，然后等待。在等待的过程中，我注意到这家大型药房的零售货架上摆满了各种各样的商品——从漱口水和护发产品到图书和冷饮，不一而足。几乎所有的商品都有两个价格标签：一个是正常的价格标签，一个是手写的"特价"标签。除了药房及药房员工之外，店内还有 6 个结账柜台和三四名店员。加起来，这个连锁店内有 7 名店员，其中 5 名在药房。

"马上就到你们了。"取药窗口的那名店员对着越排越长的队伍说。显然，该店员是药房内直接服务客户的唯一人员。两名药剂师负责按处方配药，另一名店员则负责把已配好的药放到红色的篮子里。

又等了 5 分钟，我站起来走向柜台。药剂师忘记过来了。我结完账，然后离开。我还是不明白为什么要让我坐在那里等。

亚马逊于 2017 年秋宣布收购全食超市后,贝佐斯明确表示他要提升客户体验,强化创造性的无缝衔接的"全渠道"业务。这顿时让我想起了连锁药房的那次经历。对亚马逊来说,药房行业可谓囊中之物。亚马逊将如何提升传统零售药房的客户体验,又将如何改进其业务运营?

推动实现配药和库存管理系统的自动化。凭借 Kiva 机器人和分类技术,亚马逊将会显著提高速度、准确性和劳动效率,并显著改善成本,还有可能提升药剂师的工作满意度,因为这会让他们把更多时间花在客户身上以及那些有影响力的工作上。

将处方药配送到家,从客户下单到完成配送可能都用不了一个小时。这样一来,我就再也不用费时费力去药房取药了,除非我愿意去。

但在处方药配送到家之后,如果我有问题想请教药剂师,该怎么办?两个办法。第一,利用智能音箱 Echo 以语音方式和药剂师连线。第二,利用搭载了屏幕和视频功能的智能显示设备 Echo Show 和药剂师连线。这样一来,客户和药剂师就能以面对面的视频方式交谈了。

需要再次订购处方药?不妨试试亚马逊的再次订购提醒或"一键购物"按钮?

价格呢?拜托,这可是亚马逊的立足之本。亚马逊将会大幅降低处方药的费用,因为它的商业模式就是压低利润率,创建更高效、更低的成本结构。就传统药房而言，大多数收入和利润来自处方药，而传统的处方药又都是高利润的。所以，亚马逊可以利用这一利润降低药物乃至辅助类产品的价格。

如果亚马逊决定推出自有品牌的药品，那么它可能会颠覆整个医药行业。毕竟，亚马逊在几乎所有的零售领域都拥有自有品牌产品——从亚马逊倍思（Amazon Basics）品牌的电子配件到Pike Street 品牌的卫浴和家居产品，再到 Strathwood 品牌的户外家具，不一而足。随着时间的推移，亚马逊必定会在自有品牌的仿制药品领域找到机会。

在收购在线药房 PillPack 之后，亚马逊已经有能力开展处方药销售及配送业务。PillPack 依处方按照每日剂量进行预分装，这样一来，客户就不用自行在家配药，因为配送的药物都是单独包装好的。这可以让生活变得更轻松一些。客户可以选择把药物配送到家，也可以选择配送到全食超市连锁店。想象一下，在网上订购杂货，你可以选择到店取货时顺便领药，或者选择两小时内送货上门。对了，我想我还可以顺便买本书！

最后，再想一想亚马逊强大的数据和信息能力如何通过提高医保透明度，为客户提供医保覆盖信息和仿制药品选择，从而提升客户体验。就目前来看，最好的情况是药剂师可以向客户推荐仿制药品或等效药品，但一般来说，这仅限于新的处方，客户依赖药剂师来分享这方面的信息。

在收购了全食超市及其旗下超过 400 家门店以及上述在线药房 PillPack 之后，亚马逊已经拥有了布局药房业务的基础。为什么不涉足呢？在现有的零售药房企业中，没有一家会彻底改造和颠覆自己。"零售优先"的组织赢不了"技术优先"的企业。它们没有能力颠覆自己的业务，即便有，它们也无力驾驭这个颠覆过程，甚或没有意愿去做。它们缺乏实现行业重塑愿景的供应链或自动化能力。要知道，仅 2018 年，亚马逊就获得了 76 项供应链领域的专利。这也难怪我恳请亚马逊进军药房行业！

亚马逊无人零售商店

当然，不提及亚马逊无人零售商店就讨论亚马逊所追求的无摩擦的客户体验，无疑是一个重大疏忽。亚马逊无人零售商店是革命性的实体店，采用的是即拿即走技术——在传感器、融合视觉和人工智能等技术的支持下，消费者只需带着智能手机进店，从货架上挑选好商品就可以直接带走，当然，不想要的商品仍可以放回货架。你的亚马逊账户会自动完成结账。唯一比在亚马逊无人零售商店购物更容易的事情就是打开你自己家的冰箱。亚马逊计划到 2021 年开设 3 000 家这样的无人零售商店。[1] 这就是我所说的减少摩擦。

减少业务中的摩擦，为客户提供他们想要的。打钩确认。接下来要做什么呢？想一想你最喜欢的超级英雄以及他们所拥有的超能力。

思考题：

1. 你是否在重新设置客户体验的行业标准？

2. 在你的产品或服务中，有哪些摩擦点是你的客户、你的前客户或那些不选择你的客户所不愿意应付的？

3. 在客户使用你的产品或服务时，有哪些地方存在小的摩擦点？你是否会注意这些摩擦点？

为客户提供超能力

梦幻业务与持久需求

> 知人者智，自知者明。
>
> ——老子

讲述我人生故事的方式之一，是把与其同时期的电视剧联系起来。一般来说，每隔几年就会出现一部引起轰动的剧，而我简单的头脑就会把这部剧作为我人生那一时期的标志。真可悲！是的，我不否认。当下来看，这部剧可能是有线电视网络媒体HBO（家庭影院）推出的电视剧《硅谷》。20世纪90年代，则是情景喜剧《宋飞正传》。在该剧中，一个反复出现的主题就是杰瑞对超人的痴迷。正如他的老友乔治所说："他的一生都围着超人和麦片转。"[1] 其实，对超级英雄的痴迷也可以激发创新。

怎么做？要想让自己在竞争中脱颖而出，你就要为你的客户提供独一无二的超能力。你可以提供与竞争对手相似的功能，但要想赢得竞争，你就得提供超能力。飞行的能力、透视能力、时空穿梭能力……你必须挑出几个你最擅长的功能、特性或流程。

> **方法 27**　用问题来挑战一下自己："谁是我的客户，以及我们能为他们提供何种超能力？"这就需要一些差异化的核心竞争力来为你的策略提供动力。加大投资，打造和保持这些"同类最佳"优势，进而赢得市场竞争。

我曾听杰夫·贝佐斯跟一位大型零售商客户说，他无法想象世界上会有消费者中意更高的价格、更慢的配送速度或更少的商品选择。自成立以来，亚马逊在大多数时间所采取的策略都旨在为客户提供超能力。闪电速度！降价的能力！让任何商品都出现的能力！更重要的是，这些超能力会带来持久的客户需求。

以物流和配送为例。亚马逊坚持不懈地开发各种方法，全面强化供应链，为客户提供更多选择、更大灵活性和更高透明度，同时消除摩擦，确保配送更快、更可靠。比如在 2014 年，亚马逊和美国邮政总局（USPS）联手，在选定城市提供周日送货服务。美国邮政总局周日送货？这就是一种超能力。对此，即便是超人也会肃然起敬。

当商业运输公司无力承担亚马逊高峰期的送货量时，贝佐斯着力打造了自己的"最后一公里"快速送货功能，其中就包括2018 年 6 月宣布的亚马逊快递服务合作伙伴计划。这是一项针对创业者的赋能计划，旨在让他们开办专为亚马逊配送包裹的快递公司。相关服务包括："向几乎没有任何物流经验的个人提供技术和运营支持，让他们有机会经营自己的快递业务；为降低创业成本，将其控制在 1 万美元以内，创业者享有广泛的独家折扣价，以此价格在亚马逊购买用以维持快递业务运营所需要的重要物资。相关物资涵盖带有亚马逊标识的专用快递车辆、专用工作服、燃料、全面的保险等。"[2]

　　当亚马逊在印度和中国的物流基础设施尚不完善时，亚马逊在各大城市建立了单车快递团队，负责配送包裹。当联合包裹和联邦快递无法满足假日购物旺季的送货需求时，贝佐斯扩大投资规模，建立更多订单履行中心，强化亚马逊专用的配送能力，同时加大在无人机和飞艇上的投入。他愿意尝试一切，尽可能地缩短送货时间，因为这是客户的持久需求。

梦幻业务

　　如果超人是最厉害的超级英雄，那么商业模式中的超人是什么？在 2014 年的致股东信中，贝佐斯将此称为"梦幻业务"：

梦幻业务至少具备四个特征：客户钟爱；规模可以大幅扩张；可观的资本回报率；经得起时间考验，即有可能长盛数十年。当你发现其中一个时，就不要再考虑其他，而要紧紧抓住不放……

我们将用常用的工具来向这个目标靠近：专注于客户而非竞争对手，充满热情地拥抱创新，致力于卓越运营，坚持长期思维。靠着良好的执行和持续的一点点好运气，亚马逊商城、尊享会员和 AWS 能够在未来很多年里持续服务客户，并为公司带来财务回报。[3]

客户的持久需求

专注于特定和持久的客户需求，类似于 C. K. 普拉哈拉德和加里·哈默在《哈佛商业评论》发表的《企业的核心竞争力》一文中概述的"核心竞争力流程"。核心竞争力至少具备三个特征：第一，它提供了进入各种市场的潜在路径；第二，它应该对客户感知的最终产品的利益做出显著贡献；第三，它应该是竞争对手难以仿效的。[4]

那么，你的客户的真正的持久需求是什么？在满足这些需求方面，你的承诺是什么？这是你必须明确的品牌战略。如果你设计和生产冲浪服饰，那么这个持久需求可能就是"耐海水腐蚀的时尚服饰"。

从亚马逊的成功中你可以看到，提供丰富的商品选择，提供允许卖家（包括亚马逊零售在内）在价格上相互竞争的平台，以及打造越来越快的配送体系，是过去20多年来亚马逊一直贯彻高绩效品牌及投资战略的重要组成部分。不过，我还要加一句，对亚马逊而言，没有哪种客户需求比客户的信赖更重要。

任何时候都要想着发掘客户的持久需求，都要想着如何通过赋予客户超能力来满足乃至超越他们的预期。边边角角的改进无济于事！这可能需要你多花费一点儿时间，多付出一点儿努力，但一旦找到了路径，你就有可能打造出梦幻业务。

思考题：

1. 你的客户最欣赏的超能力是什么？

2. 在你所处的行业中，有没有杀手级功能的例子？如果有，你可以从中学到什么？

3. 你的客户的持久需求是什么？这些需求能推动你开展创新吗？

换个角度思考
改进提出的问题

《银河系搭车客指南》让我知道，困难的是要弄清楚问什么问题，

而一旦你弄清楚了这一点，剩下的事情就非常容易了。

——埃隆·马斯克

  一种观点认为，拿破仑在被流放至圣赫勒拿岛期间死于中毒。我敢保证，他非常清楚背后的原因。他可能心里会想，要是在 1812 年夏入侵俄国之前多问几个问题就好了。是的，拿破仑的垮台缘于傲慢。在战场上取得如此多的创新和成功之后，他认为自己不可能输。

  同样，商业领袖也常常认为，他们的行业及业务经验会让自己获得创新的见解。经验固然重要，但打造突破性理念的技巧，在于提出不同的更好问题。亚马逊领导力准则第五条便是好奇求知。该准则鼓励领导者积极挑战自己的假设，避免故步自封的专

家思维，同时保持谦逊。亚马逊采用这样的准则并不是偶然的，这是一种习惯、一项技能。

> **方法**
> **28**　提出不同的问题，能让你以崭新的视角和不同的限制条件看待客户和机会。你必须深思熟虑，要有目的性地提出并仔细思考这些问题。这是一项熟能生巧的技能。

发掘价值链上的机会

你如何效仿亚马逊的做法，利用价值链思维打造一个庞大的业务和功能综合体？你能从亚马逊的战略或规划中学到什么？要知道，以亚马逊的规模，保持增长是非常困难的。要想成为全球最大的零售商乃至全球最大的企业，亚马逊该如何规划？

当然，这些问题都没有简单的答案，但你可以借鉴贝佐斯所持的一种理念，即"你的利润就是我的机会"[1]，让业务迈入正轨。相比另一家公司所做的，如果你能打造出更好、成本更低和更灵活的自助服务模式，那么你就可以作为竞争者进入其所在的市场。

如果你仔细考虑上述每一个问题，致力于挑战现状，并将客户置于首要位置，那么你就有可能在产业价值链上寻获一些最佳机会。[2]

要想打造同亚马逊一样执着于创新的企业文化，我建议效仿亚马逊的做法——从价值链上的某个点切入行业，观察上下游，然后问 5 个基本问题：

1. 哪些方面存在糟糕的客户体验？缺乏整合，在价格和可获得性方面缺乏透明度，商业实践晦涩难懂……这些都是糟糕的客户体验的标志。

2. 在目前所购买的服务或技术中，有哪些是你的公司可自行开发和运营并能提高公司利润的？

3. 你如何将这些服务和产品打造得足够好，让外部企业也选择它们？

4. 在什么条件下，这些服务和产品可以带来可观的利润？

5. 传感器和物联网如何改善糟糕的客户体验，协助你以更低的成本为自己和他人提供服务或技术？或者，如何让你为目标客户创造不同的价值主张？

激发创新的问题

在构建和说明那些难以理解、难以检验的概念时，爱因斯坦有一个很著名的方法，即"思想实验"。通过施加限制条件，这些实验场景有助于证明某一论点或假设。要提出有助于创新的问题，技巧之一就是首先用一系列限制条件来构建思想实验。比如，"将周期缩减90%，需要哪些条件？""设置并实施98%的自助服务，需要做哪些事情？"通过施加限制条件，你可以有效地挑战现状，同时要为非"百分之百"自动化留出余地，因为这可以促进对话，便于追求新的方法和模式。

本书的许多章节都有助于提出不同的问题，特别是方法15"门板办公桌"、方法18"想打造一个平台吗？"和方法24"强制功能的魔力"。这些章节都明确了场景或限制条件，促使我们在进行头脑风暴时提出不同的问题，进而消除长期束缚我们的种种障碍。就我的经验来看，先提出激进的问题，比如"我怎样才能将客户联络减少90%"，再倒回来考虑那些容易实现的目标。相比问"我怎样才能将客户联络减少10%"，这会让你获得更多的想法。渐进式的问题会产生渐进式的结果。

以埃隆·马斯克的隧道挖掘公司 The Boring Company 为例，其希望通过修建隧道来缓解城市交通拥堵危机。然而，修建隧道的第一个挑战就是成本问题——每英里①的建设成本约为10亿美元。这家公司表示："修建隧道的成本非常高昂，有些项目的成本可能会高达每英里10亿美元。建设成本至少要降低90%，隧

---

① 1英里≈1.61千米。——编者注

道网络才有可行性。"[3] 这种思维模式会让他们重新思考隧道设计、修建和运营的方方面面。

仔细又审慎地设计场景、问题和限制条件，将有助于率先发现机会，引领行业颠覆性变革。

思考题:

1. 你的领导团队是否提出了正确的战略问题？

2. 花大量时间考虑并提出你优先要问的问题，是否会促使你从不同的角度看待风险和机遇？

3. 你可以用什么限制条件来提出不同的问题，以挑战日常业务（比如"将周期从两天缩减至 10 分钟"）?

启动并学习
亚马逊式业务扩张

> 甘愿认输的都是失败者。
>
> ——文斯·隆巴迪

2018 年 3 月，亚马逊宣布将进军零售银行业，为消费者提供支票账户。你可能听说过此事。没错，亚马逊当时正在通过合作伙伴模式推出消费者银行服务，比如支票账户。它并没有设想成为一家银行。经典。然而有趣的是，《华尔街日报》报道称，亚马逊是以合作伙伴而非颠覆者的身份进军消费者支票账户业务的。[1]

在进军新业务领域时，贝佐斯并不是每次都执着于扮演"坏孩子"的角色。有时候，第一时间颠覆市场并无必要。更重要的是，亚马逊的创新和增长来自对新产品和服务的不断探索与战略性押注。就亚马逊而言，发掘这些产品和服务的方法，通常是从

现有的产品 / 服务着手，然后沿着价值链拓展。

一开始你可能是合作伙伴，但你可以利用这些合作伙伴关系去学习业务，接触客户和建立品牌。在开始了解整个业务生态系统的同时，寻找机会开展创新，并以超越原有合作伙伴关系的方式为客户提供服务。换句话说，就是启动并学习。当然，关键是要学会评估合作伙伴关系之外的拓展和建设是否以及何时有意义。

> **方法 29** 在进军新的行业以及现有行业的周边业务时，采取启动并学习战略。想办法开拓新的业务，而立足之后，不仅要扩大业务规模，还要参与到行业价值链中去。

价值链

价值链是一个行业端对端的流程与活动的集合。在最初成立时，亚马逊专注于成为第一代电子商务零售商。起初，公司允许二手的物品、图书和光碟等与各自品类的新产品在同一页面售卖。之后，它又允许第三方卖家在其平台售卖新产品，而且多个卖家可以在其商城平台售卖同一产品。自那时起，亚马逊加快扩张步伐，布局新的零售类别，比如服饰、运动用品和乐器。再后来，亚马逊开始打造自有品牌产品。此外，亚马逊还推动第三方卖家将物流和配送服务外包给自己。此类例子不胜枚举。

亚马逊 2016 年的价值链扩张行动是进军交通运输业。公司租赁货机运送零售包裹，一方面提升了成本效益，另一方面也强化了控制权。分析师估计，该战略每年可为亚马逊节省超过 4 亿美元的资金。[2]

在医疗保健领域，亚马逊采取多管齐下的战略，切入行业价值链的各个环节，然后加大推进力度。在将来的某个时刻，一个大型的集成功能将会被创造出来，就像一张拼图最终被拼凑完一样。起初，我们看不出拼块会组成何种图案。但随着工作的推进，画面开始变得明晰，而下一个拼块的放置也就变得更简单了。

对于这种行业布局，其实还有更正式一点儿的理解方式。《哈佛商业评论》的经典文章《如何绘制行业利润池》[3] 概述了行业价值链的绘制流程，其中包括各步骤的营收和利润率等指标。摘要如下：

1. **详细说明行业和价值链。**为你要评估的行业划定界限。

2. **明确营收和利润池的规模。**对价值链上的每一个重要步骤，都要预估营收规模、利润规模或利润率的大小。

3. **将价值链可视化。**一般来说，这需要把行业价值链从左到右排列，同时为行业或流程的每个步骤创建条形图。假设 y 轴代表"利润率"，那么 x 轴就代表"营收规模"。

这就是所谓的启动并学习战略。从某个业务点进入行业，然后学习行业知识和技能，进而发掘新的机会。坐下来，对价值链进行全面分析，将有助于你理解和评估各项业务选择。

全体动员

在美国大学橄榄球比赛中，有一种经典战术是四分卫将球传给攻方尾后卫后，球队组成人墙，对其全面掩护。防守方通常知道攻方会采用这种招数，但在对方球员的密切配合下，这又很难防守。如果攻方屡屡得手，那么防守方的士气会大受打击。在商业中，这种战术意味着团队成员在重要的变革或项目上达成共识，各司其职，各尽其责，协力共进。

我从 2002 年初到 2005 年底在亚马逊工作期间，它还是一家相对简单的公司，总部员工大约有 3 000 人（不包括客服和订单履行部门的员工）。那时亚马逊的年运营收入尚不到 40 亿美元，且几乎全部来自 3 个零售类别：图书、音乐和视频（主要是DVD）。在北美地区，亚马逊只设立了 5 个订单履行中心。在 21世纪初，当亚马逊着眼于拓展零售类别，不再局限于图书、音乐和视频时，我和我的团队采取了一系列启动并学习战略，致力于目标的达成。在这些战略中，有的不仅塑造了公司的业务，也在很多方面塑造了整个零售业。

在玩具类领域，亚马逊在 2000 年同玩具反斗城建立合作伙伴关系。虽然玩具反斗城在 2017 年宣告破产，但在 2000 年，这家玩具公司还是该行业中的一方霸主。信不信由你，最初的合作条款规定，玩具反斗城的网站 Toysrus.com 将直接链接到亚马逊的玩具网站——客户可以创建或使用亚马逊账户并从亚马逊购买玩具。有些玩具是亚马逊配送的，有些玩具则是玩具反斗城配送的。"按照协议条款，玩具反斗城同意将其最受欢迎的众多玩具放在亚马逊出售，作为交换条件，玩具反斗城成为亚马逊玩具和婴幼儿产品的独家卖家。双方还同意，玩具反斗城放弃在线自主权，Toysrus.com 网站跳转至亚马逊网站。玩具反斗城每年向亚马逊支付 5 000 万美元，外加销售提成。"[4] 没错，玩具反斗城那时基本上把业务的未来交到了亚马逊手中。

启动并学习战略的另一个重要应用领域是服饰行业。2002 年秋，我们利用新的亚马逊商城平台推出了第一个商品类别。在推出这个类别初期，我们有大约 30 个合作伙伴，而当时我们向他们暗示："亚马逊无意成为服饰零售商。"然而，没过几年，亚马逊不仅成了服饰类别的零售商，还推出了自有品牌的服饰。据估计，亚马逊的服饰和鞋履类别的销售额大约是第二大在线零售商沃尔玛的 5 倍，且正在朝着全球最大的零售商的方向进发。[5]

作为云技术领域的市场领导者，亚马逊旗下云计算平台AWS 的建立，最初只是为了提升公司的技术效率。当我还在亚马逊工作的时候，每个团队都拥有自己的计算基础设施，这些设施也都是自己设计和运营的。显而易见的是，我们并没有充分利用规模经济优势：自定义配置和非标准化硬件导致了更高的服务器成本，基础设施大部分时间都处于闲置状态（缺乏负载均衡，因此基础设施必须基于高峰使用原则设计），团队开发各自的运营和支持方式。

最终，我们决定将计算基础设施从各团队拆分出来，建立一个核心功能。这是一个重要的开端，但拆分本身并不能使我们的技术基础设施成为世界一流的。

一向以理性著称的贝佐斯可能会这样说："你知道，这种拆分可能是个好主意，但只有通过外部客户我们才能获得反馈和预期，进而把计算基础设施打造成世界一流的。所以，我们接下来要做的就是扭转这一局面，将计算基础设施向外部开发者开放，唯有如此，才能给内部团队带来更好的基础设施。"

没过多久，亚马逊就发现外部开发者很喜欢这项服务，而且它可能会成为一项伟大的业务。AWS 由此诞生，而接下来的大家都知道了。

通过这种对运营效率的探索和追求，亚马逊已经进军广泛的综合业务领域，并开发了内部团队和外部客户都可以使用的新工具和新服务。在亚马逊，这些综合业务包括：

收购：亚马逊已经收购了超过64家企业，包括仓储机器人公司Kiva Systems（奇华系统）、在线鞋履零售商美捷步（Zappos），以及向硬件原始设备制造商（OEM）销售产品的单片系统的微电子公司安纳普尔纳实验室（Annapurna Labs）。

自有品牌：亚马逊平台售卖的很多消费品牌产品，都是由亚马逊自己设计、营销、制造或委托加工的，包括服饰品牌Lark & Ro和North Eleven、户外家具品牌Strathwood、电子产品品牌亚马逊倍思，以及食品杂货品牌Prime Pantry。

网站品牌：亚马逊还拥有和运营其他很多网站，包括IMDB. com、Woot.com、Zappos.com、Diapers.com、Fabric.com、Twitch.tv、dbreview.com和Endless.com。

产品和服务：除了零售服务之外，亚马逊还向客户提供如下独立功能与服务：

  订单履行服务：亚马逊物流允许卖家通过亚马逊订单履行中心存放商品和履行订单。

  付款处理：亚马逊支付被零售商视为可信赖的支付手段。

  AWS S3（简单存储服务）和EC2（弹性计算云）：这是亚马逊云计算平台AWS旗下众多产品中的两款。

亚马逊 Fire Stick：这是一种专用设备，用户通过它可以在电视上访问亚马逊以及其他很多内容提供商，比如娱乐与体育节目电视网 ESPN。

单片系统设计：安纳普尔纳实验室是一家设计和销售计算机芯片的公司。这些特殊设计的芯片专用于网络设备。

亚马逊出版：这是一个提供全方位服务的图书出版机构，旨在培养作家以及帮助他们出版著作。

亚马逊广告：这项服务允许卖家竞拍亚马逊的产品广告位。

Twitch：视频直播和社交平台。客户可以通过该平台观看各种活动，特别是电子竞技活动，其中以《使命召唤》和《反恐精英》等热门在线游戏为主。

此外，亚马逊还有多项重要内部功能，将来有可能会向其他公司开放：

电子设备（手机或平板电脑）设计：通过消除各种障碍和阻力，亚马逊能否找到一种方法来实现设备设计及制造的大众化，就如同其旗下的出版服务 CreateSpace 一样，提供按需出版和发行服务？

内容制作，包括电视节目和游戏：通过消除原创内容制作及发行的壁垒和复杂性，这个领域具有打造平台业务的强大潜力。无论是对亚马逊还是对那些希望通过视频或游戏制作来讲故事的人来说，这都可能是巨大的胜利。

仓储机器人：Kiva 是亚马逊收购的一家公司，原本是一家拥有外部客户的公司。出于竞争考虑，亚马逊将其作为专属资产，仅限内部使用。未来，它会向外部客户开放吗？

零售商店解决方案：基于亚马逊无人零售商店的理念，亚马逊云计算平台 AWS 必然也会利用传感器、视觉系统和即拿即走技术，为其他零售商店运营商提供相应的门店管理服务。

摄影工作室和影像服务：特别是在服饰类别的驱动下，亚马逊已经为影像创作和管理开发了可扩展流程。对其他品牌来说，这将是一个宝贵的"即服务"功能。

亚马逊的重大业务和重要功能正在酝酿之中。亚马逊专属的航空物流功能——Prime Air 不仅可以降低公司的物流成本，还会强化其对物流的控制权。亚马逊货运专注于国际产品采购物流，比如远洋货运。亚马逊商业用品业务销售各类商业产品。通过 Sage Maker 和 AWS Rekognition 等按需云服务，相对而言，亚马逊机器学习服务使其他开发者也能比较容易将机器学习功能融入自己的产品中。

上述这些重大押注，都有可能成为亚马逊的下一个梦幻业务。

思考题:

1. 你是否受困于一项主要业务?

2. 是否有机会拓展到新的行业或以新的方式服务现有
    客户?

3. 如何将启动并学习战略运用到你的业务中?

不要放弃操作系统
合作伙伴、供应商与战略

> 加里遨游天际去了。
>
> ——比尔·盖茨

1994 年 7 月 8 日，加里·基尔代尔——美国计算机科学家、微型计算机企业家、CP/M 操作系统设计者、数字研究公司创始人，在加利福尼亚州蒙特雷的一家飙车族酒吧，不知是因为摔倒还是遭人殴打，出现严重创伤，于 3 天后在一家医院去世。尸检显示，基尔代尔有慢性酒精中毒相关症状。[1] 这个被很多人认为是"真正"的比尔·盖茨的人，不承想却以这样一种不光彩的方式结束了一生。

什么意思？从未听说过加里·基尔代尔？在个人电脑革命刚刚拉开序幕的那个时期，可以说他是业界最知名的传奇人物。基尔代尔是当时在市场上占主导地位的原创操作系统——CP/M 操作系统背后的天才。1980 年，IBM 找到基尔代尔，希望得到 CP/M 操作系统的授权，用于其正秘密开展的个人电脑项目。据坊间传闻，在 IBM 的代表突然到访时，基尔代尔并不在场。他驾驶飞机去参加另一场商务会谈了。当然，事实并非如此。当时，基尔代尔的妻子主导了谈判事宜。按照律师的建议，她没有签署保密协议。最终，谈判的延迟为我们今天熟知的比尔·盖茨提供了足够多的时间来开发名为 86-DOS 的替代操作系统。在很大程度上，该系统借鉴了 CP/M 系统。基尔代尔后来称，DOS 系统是"赤裸裸的剽窃"，并指出该系统的前 26 个系统调用同 CP/M 系统的如出一辙。[2]

> **方法**
> **30**
> 不要将战略性的或至关重要的决策外包出去。这包括开发流程、数据流、决策树和算法，以及寻求优化企业的各项关键功能的系统。让合作伙伴和供应商负责战术执行，同时制定规则，打造最优化引擎，并将其作为公司的知识产权。整合实时数据，为决策提供依据。

但也不要为基尔代尔感到太难过。他后来以 1.25 亿美元的价格卖掉了自己的公司，而在蒙特雷不幸早逝之前，他过着奢华生活：拥有一架里尔（Lear）飞机，在得克萨斯州的圆石滩（佩布尔比奇）和奥斯汀都拥有豪宅。但想一想他失去了什么。数字研究公司的故事至今仍具有警示意义。切记不要把操作系统拱手让人。

亚马逊的操作系统

操作系统是做什么的？从概念的层面讲，有两点：第一，为所有用户运行、配置和优化系统资源；第二，化繁为简，并为任何想要使用系统资源的服务处理常见的基本问题，比如错误管理。就计算机系统而言，操作系统是战略性的"智慧"。这就好比你利用他人——主要是合作伙伴和供应商——来帮助你扩大你的业务规模。

亚马逊是一家操作系统公司吗？直到最近，我才考虑这个问题。2018 年 5 月，在为美国供应管理协会（ISM）年会准备主旨演讲时，我想到了一个问题：若是亚马逊某个不为外界所关注的项目转变为操作系统，那么它会如何从根本上改变供应链。亚马逊的无人机、飞艇和货车车队总是媒体和大众关注的焦点，但我看到的是亚马逊卖家弹性快递服务 Seller Flex 的潜力和特别之处。它可能会成为供应链管理的操作系统。

亚马逊 Seller Flex 允许供应商或第三方卖家利用亚马逊的物流管理功能、技术和仓储协议，开展货物运输管理。不要把亚马

逊 Seller Flex 同亚马逊 Flex 混淆，后者是优步式按需快递服务，
允许独立司机为亚马逊配送包裹。

亚马逊 Seller Flex 的运作方式如下：为确保履行对尊享会员
的两日内送货承诺，亚马逊尊享会员可选购的商品必须存放在亚
马逊各订单履行中心。第三方卖家可自行设定尊享会员可选购的
商品，但前提是要把这些商品存放在亚马逊订单履行中心，并由
亚马逊负责订单交付，送货方通常是联邦快递、联合包裹和美国
邮政总局。现在，亚马逊 Seller Flex 向第三方卖家——通常为品
牌公司／零售商——提供软件，将亚马逊的订单履行管理范围扩
大至第三方卖家的订单履行中心。

通过利用亚马逊 Seller Flex 提供的软件，用户可享有亚马逊
协商的优惠运输费率，将订单直接交给各快递公司配送。这将惠
及所有参与方，因为商品不必再运送到亚马逊的仓库。此外，卖
家也可以利用该功能处理非亚马逊的订单。亚马逊由此增加了更
多的货运量，因而在后期的货物运送合同谈判中，也就掌握了更
大的主导权。卖家不仅可以利用亚马逊的货物运送服务，还会得
到该服务背后的所有"智慧"，包括如何优化订单配送方式，以
更好地满足客户预期。将具备核心操作功能的软件嵌入卖家系统，
有助于亚马逊进一步深入商务生态系统。10 年之内，你可能会
惊讶地发现，亚马逊 Seller Flex 已经成长为亚马逊的另一项重大
业务，与此同时，亚马逊也打造出了一个类似于物联网的"供应

链和物流网络",进一步助力商务发展。届时,无论是否直接从亚马逊购物,我们都将受益。

采用亚马逊 Seller Flex 的公司,可以充分利用亚马逊洽谈的优惠运输费率以及货运公司提供的各种优惠选项。亚马逊则进一步提升了货运量,强化了对货运公司的控制权,还有可能向它们收取一定费用。

对亚马逊来说,这是一项非同一般的战略。首先,在与货运公司的关系上,亚马逊将会占据更大主导权,而在成本方面也将会掌握更大控制权。其次,亚马逊将会获得更多有关产品、销量和消费者的数据。亚马逊 Seller Flex 相当于一个操作平台。它优化和配置资源,并化繁为简。假以时日,亚马逊 Seller Flex 就有可能成为货运操作系统,并会占有快递包裹市场的相当份额。这会不会成为贝佐斯的下一个"魔力"业务?有可能。

另一个处于早期开发阶段的亚马逊"操作系统"被称为 Greengrass。作为云计算平台 AWS 旗下的产品,Greengrass 是一款在"智能产品"上运行的软件(亚马逊颇为谨慎,并未称它为操作系统),支持联网设备的本地计算、信息传递、数据缓存、数据同步和机器学习推理等功能。此外,它还允许用户使用云计算服务 AWS Lambda 和物联网设备连接平台 AWS IoT Core 在 AWS 云和本地设备上运行物联网应用程序。[3] 整个 AWS 和通用云架构都是集中式功能。Greengrass 是首款允许以分散方式利用

AWS 功能的产品。哇！把这个想法再推进一步。Greengrass 是一个允许设备使用 AWS 功能的操作系统，也是一个可以与安卓、微软以及其他设备操作系统竞争的操作系统。相比纯粹的云方案，这是一个巨大的战略进步。

钥匙是……

你知道雅虎曾经有机会收购谷歌吗？而且有两次机会：一次是在 1998 年，一次是在 2002 年，价码分别是 100 万美元和 50 亿美元。[4]最终的结果是，谷歌获雅虎许可，成为雅虎的搜索引擎。哎呀！雅虎基本上把作为业务核心部分的操作系统"外包"给了谷歌。尽管多次尝试修正这一决策，但雅虎再未恢复元气。

无论是向仓库分配订单、解读需求信号以决定设计和制造何种产品，还是参与客户定制化项目或细分市场竞争，充分利用其他合作伙伴和供应商所提供的服务，并借助其专业知识来支持你的目标，都是明智和必要的做法。但另一方面，不要外包也不要放弃企业的智能决策钥匙，而这把钥匙就是你的管理"操作系统"。你需要在管理结构中构建、编码、运用算法支持以及扩展这些资源配置的基本杠杆点。

不要让你的功绩被那些你没有做的事情掩盖。不要让"加里遨游天际去了"的历史在你身上重演。

思考题：

1. 你是否把战略能力或决策流程外包给了其他人？

2. 在你所处的行业，操作系统是什么样的？

3. 哪些历史教训可以帮助确定企业的数字战略选择？

第三部分
商业和技术

Think Like
amaon
50 ½ Ideas to Become a Digital Leader

谎言，该死的谎言，以及指标
运用指标打造问责制和客户至上的文化

诸位，我们将坚持不懈地追求完美，但我们也知道我们无法达到
完美，因为这个世界上没有什么是完美的。我们之所以坚持不懈
地追求完美，是因为在这个过程中，我们可以实现卓越。我对仅仅
把事情做好没有丝毫兴趣。

——文斯·隆巴迪

在业务管理团队会议上，我发表过很多主旨演讲，也做过很多演示。这些会议涉及广泛的领域和议题，但我一直以来都会强调几个关键点：耐心的重要性，以及在推动企业转型时，个人习惯和信念的转变与组织的转变同等重要。同时我也强调，亚马逊的战术手册是一个建立在原则之上的系统，而不是建立在一组步骤或单一线性方法之上的。

无可避免地，有人会举手提问，让我从亚马逊的战术手册中挑

出一个最重要的战术。我理解他们是想知道从何处着手。因此，在解释"它是一个系统"时，"我要从哪里开始"这个问题也就有了答案。最重要的根本，即高于一切的"冠军习惯"，就是指标。

> **方法 31** 利用指标来坚持不懈地探求对根本原因的理解，并致力于从根本上解决问题。在企业的客户体验、运营和财务等方面，也要运用指标加以衡量。设计相关的流程和系统，用以收集各种精细数据和实时数据，并将其应用到指标中。组织一系列以指标为中心的会议，推动问责制和各项指标的落实。设置指标是一种技能，需要不断努力和改进，因为这是一项永无止境的工作。

用数据说话

2004 年，我参加了亚马逊的一次高管团队会议，而当天恰逢赛富时（Salesforce）首次公开募股。会议期间，一名与会高管随口评论道，赛富时是世界上最大的客户关系管理（CRM）软件供应商。

大错特错。

"我们才是世界上最大的客户关系管理公司！"亚马逊的一

名资深领导者（猜猜是谁）吼着回应。

像客户关系管理公司一样，亚马逊执着于管理和分析客户互动相关的数据，进而改善与客户之间的关系。在这方面，亚马逊的行动规模远大于赛富时。亚马逊业务的数字化本质以及它对海量数据收集的专注，使它与一般电子商务公司有显著不同。指标已经完全融入亚马逊的文化。

W. 爱德华兹·戴明有一句名言："除了我们笃信的上帝，所有人都必须用数据说话。"团队明确和商定如何衡量新的功能、服务或产品，其所花费的时间同设计该功能、服务或产品的时间一样多，甚或更多。项目管理进度表会持续数周：考虑运营的投入和产出，确定运营中可能需要的数据，了解内部工作的复杂性，等等。指标是答案，也是问题，更是坚持不懈地探求根本原因的工具。

"我的客户今天过得好吗？"

亚马逊有一个围绕指标精心设计的平衡计分卡。该计分卡会被持续评估，日复一日，从不间断，旨在为公司提供深刻见解，告诉公司什么是有效的以及什么是行不通的。此外，它还让领导者成了项目成功与否的唯一责任人。

指标所反映的可重复的一致的绩效表现是成功的黄金标准。

如果缺乏一致的衡量标准，亚马逊的领导者就会盲目行事，而这种冒险行为是这家公司所不能接受的。实时指标是亚马逊的命脉。源于客户体验的真实数据和真实见解被不断用来回答这样一个问题："我的客户今天过得好吗？"如果指标到位，且已经被运用到团队成员和流程之中，实时运行，那么这个问题的答案就非常简单：要么好，要么不好。

正确地利用数字进行管理，需要有先见之明。你必须一开始就将实时指标纳入计划，因为后期再增加指标几乎是不可能的。亚马逊的经验表明，当今公司最大的机会就是全面重新思考自己的指标概念。大多数公司采用所谓的批处理架构（batch architecture）来记录各种交易或其他定量更新，并对其进行定期处理（通常是按天或按周处理）。但要知道，批处理架构是 20 世纪的产物。今天，你需要的是实时数据、实时监测和对即将出现的问题的实时预警，而不是那些将真实问题延后 24 小时乃至更长时间的落后指标。你的企业要像核反应堆一样运行。如果出了问题，你需要第一时间发现。

多花时间设置指标

想一想公司的高管团队和领导层是如何分配时间的——

很多时间都花在了预算、财务审查、人力资源和合规等事务上。是的，这些都很重要。但它们真的有助于服务客户、推动卓越运营或激发创新想法吗？以下是设置指标的 3 个快速步骤：

1. 花时间讨论你的指标应该包括哪些内容。

2. 召开利用这些指标持续评估你的业务的会议。致力于探求根本原因。将指标转变为行动。

3. 尽可能获得精细数据和实时数据。

指标的落实

有了卓越的指标就好比有了弹药，但战争是在日常使用指标去推动达到完美的战斗中进行的。这里的战场就是我们所称的"指标会议"。在亚马逊，整个运营节奏就是一系列以指标为议题的周例会。这些会议通常从最基层的服务和职能部门开始，一直升级到周末的全球高管会议。在一周之中，亚马逊的运营负责人会出席若干指标会议。周周如此。

虽然被称为指标会议，但实际上，它们是责任分担会议——相关指标的"所有者"一起讨论所定指标的最新趋势及问题。领导者应该了解所负责业务的细节，秉持自我批评的态度，讨论改进计划或进展。对所取得的成功，可能会进行表彰，但亚马逊通常的做法是"庆祝 1 纳秒",然后专注于解决业务中的问题和失误。即便事情已经做得相当好,那也还没有到完美的地步。

会议的中心议题是各项关键服务、流程和功能。举例来说,我负责召开商城指标会议,但是从组织的角度看,我们部门的人员在与会者中只占一小部分。我会邀请影响商城业务的关键部门的负责人参会,比如目录团队、订单渠道团队、支付和反欺诈团队。

在亚马逊,财务伙伴扮演着重要角色:不仅要确保各项指标到位,其中当然也包括财务指标,还要与职能部门的负责人合作,记录事项,分配责任,同时推动结果的达成和改进计划的完成。在确保会议的"诚信"与成果交付方面,财务伙伴的作用至关重要。在我看来,他们就是独立的责任官,确保指标会议达到明确和报告工作进展以及提升绩效的目的。

规范:实时的精细的数据

在团队的各项指标和服务等级协定确立之后,就要把重点转向数据的收集,以让这些指标和服务等级协定更好地发挥作用。亚马逊对团队所应收集的数据的类型以及数据的质量有着非常具体的标准。亚马逊高管团队称这些标准为"规范"

（instrumentation）。

在数据收集（或者说规范）方面，亚马逊有两方面的期望：第一，数据在本质上必须是精细的，你永远可以概括和汇总数据，但你后期无法从数据集中获得更多细节信息；第二，数据必须是实时可用的，数据可以批量处理或延缓处理，你永远可以慢下来，但无法加速。要设计不带时滞性的非批量处理的数据收集系统。

实时的精细数据之所以重要，是有多方面原因的。举例来说，一家杂货公司用冷藏库存放水果和蔬菜，以保持它们的新鲜度。突然，在一天之内，所有的莴苣都变质了。如果这家公司一直在收集精细数据，比如温度或压力的变化和入库时间，那么它就有可能找出莴苣变质的原因。否则，这背后的变量和原因就只能靠猜测了。

当然，要收集所有环境中的精细的实时的数据，是不现实的。在一些特定情况下，数据收集是受限的，这与数据的本质有关。不过，亚马逊依然期望它的团队能努力实现指标数据的规范化。

最后，任何时候都不要停止评估指标，也不要停止开发指标。要时常检查，确保指标与目标之间仍明确相关。在指标无力推动组织变革时，要毫不犹豫地更改指标。

为什么？

因为好的指标会创造好的流程，进而最大限度地减少官僚主义。

设置指标和指标会议——以亚马逊的方式

图31-1和图31-2含有指标定义和设置的要点，并讲述了如何在企业中使用指标。

持续开发和改进指标

- 多花时间讨论和定义指标
- 基于客户体验开发指标
- 你应该能够用指标来回答这个问题："我的客户今天过得好吗？"
- 指标的设置旨在提升绩效、实现目标
- 指标要清楚易懂，要让人了解趋势，也要表明哪些指标需要进行讨论和调研
- 指标要有对比期，要有趋势，要有服务等级协定
- 要有聚焦指标的平衡计分卡

- 每一项指标都要有清晰、通用的定义
- 避免以人工方式编制指标，指标演示应当是"一键"自动生成的
- 指标由组织内专人管理
- 服务等级协定内容通常每年都要增加，绩效也需要改善
- 对于不同的目标和不同类型的对话，要有对应的不同类型的指标：
  - 运营和客户体验指标
  - 财务结果和目标指标
  - 长期采用的指标和客户满意度指标

图 31-1　指标：企业的节奏

指标会议指南

- 在指标会议上，一组固定的人讨论某项业务、技术服务或计划
- 指标会议要定期召开，通常每周一次
- 与会人员要专注于开会，手机和电脑应放到一旁
- 与会人员要有备而来，对关键议题要有答案和解释
- 优秀的领导者要坦诚相待，敢于自我批评（亚马逊领导力准则第十一条：赢得信任）
- 指标会议旨在探寻根本原因，并让每一个人都担起责任

- 财务团队不负责主持会议，但其作用在于让与会人员保持诚信
- 每次开完会后，要公开会议记录
- 做"正确的事情"时，尽量免去上报或审批流程
- 引导并理解客户的影响和观点是每一个人的职责
- 深入评估和探讨一组一致指标，这有助于实现卓越运营，激发创新想法
- 如同精心设置指标一样，指标会议也需要精心设计，而不是一成不变的。按照实际情况改进指标会议，确保持续创造价值

图 31-2　指标的落实

思考题:

1. 你的核心团队能否用指标和监测数据回答"我的客户今天过得好吗"?

2. 你是否拥有强大的与运营和财务指标相辅相成的客户体验指标?

3. 你能通过指标强化责任意识、提高质量吗?

流程与官僚主义
设计可扩展的流程

> 扩大规模是每个创业者的梦想，也是他们的梦魇。超高速增长是可怕的，而伟大的公司往往是被成功扼杀的。
>
> ——凡尔纳·哈尼什

什么事情是你无法忍受的？对我来说，这样的事情有好几种，但最容易让我感到沮丧的是那种根本讲不通的事情，我们都知道它讲不通，但没有人有权做出改变或做出正确的决定。这就好比在处理客服问题时，每个人都会说："很抱歉给您带去了不便，但我们的规定是……"你知道这是什么吗？规则僵化的官僚主义——这些规则通常是过时的，也从不授权让人可以做出改变。

亚马逊领导力准则第三条是创新简化。大多数人都对此感到好奇，"简化"竟然和"创新"并列，而不是藏在领导力准则的描述中。亚马逊的运营负责人在考虑如何扩大核心功能的规模时，发现维持流程的简单性至关重要。在我看来，这种重要性怎么强调也不为过。

从最基本的层面看，扩大规模意味着你可以在流程中以更低的单价生产更多的"单位"。无论这个单位是订单、客户还是字节，能够做到"产量增加、单价下降"，将有助于你弄清楚如何在不增加人手的情况下扩大流程规模。这些核心流程可以是帮助提升在线客户体验的服务，比如支付服务或影像服务，也可以是重要的后台功能，比如库存预测流程或服务器采购流程。这些都是至关重要的功能，需要达到世界一流的水平，以便最大限度地推动企业发展，提升客户体验。当然，并不是企业中的一切都需要联网或达到世界一流水平，你只要通过重要流程把你的企业同竞争对手区分开来即可。

方法 32

定义明确的流程有助于防止官僚主义滋生，或者使存在的官僚主义暴露出来。审慎打造核心流程，将其作为扩大规模的关键助推器。设计流程的工作之一是，确定在整个企业中以多种方式使用的关键服务。让简单性战胜复杂性。以高标准开发和运作关键流程，防止官僚主义滋生。

亚马逊的确存在一些过于依赖人工操作和过于混乱的流程，这些流程都是可以改进和实现自动化的。但打造世界一流的流程需要高素质人才，而这些人才可能更适合被安排到更具战略性的工作岗位上，所以你要允许非核心流程在创新和自动化程度方面低一些。这属于重要的权衡决策。举例来说，网站商品营销或为尊享会员增添新功能，对亚马逊而言都是很重要的流程，但并非核心流程。虽然这些事情都需要做好，但与之相关的工作量并不会随着业务的增长而增加，所以只要能维持在可接受的水平上即可，无须投入最大努力。工程技术人才可以对这些流程进行自动化改造，但对他们来说，更重要的是助力企业扩大必需项目的规模，比如提升亚马逊订单履行中心的自动化程度。

什么是官僚主义？

我从杰夫·贝佐斯那里听到过很多很棒的言论，其中一次是在亚马逊举办的全员会议上，地点是当地一家影院。其间，有员工问贝佐斯，如何做到既避免官僚主义，又确保某些规则到位。贝佐斯回应说："良好的流程是绝对必要的。缺乏定义明确的流程，你将无法扩大规模，无法设置指标和规范，无法开展管理工作。但避免官僚主义也至关重要。官僚主义是失控的流程。"

贝佐斯明白，高绩效的优秀员工憎恶官僚主义，而如果所在组织被官僚主义束缚，他们就会决然离去。相对而言，绩效平平或比较差的员工则对官僚主义喜爱有加。这些人通常处在组织中层，他们会躲在官僚主义后面扮演守门人的角色，并时不时地制造摩擦，让整个公司陷入困境。强有力的流程，外加可衡量的结果，是可以消除官僚主义的，也会让那些低绩效者暴露出来。

那么，你如何识别官僚主义，并把官僚主义同定义明确的流程区分开来？当用规则无法进行解释时，当规则不再支持客户时，当上级也无法纠偏时，当你面对合理的问题也得不到答案时，当流程中缺乏服务等级协定或规定的响应时限时，或者当规则变得不可理喻时——上述任何一种情况的发生，都表明官僚主义很有可能已经在组织内蔓延了。

设定高标准和关注细节，以避免出现官僚主义作风，同时推动问责制和打造世界一流的功能，这听起来似乎不合情理，而事实也是如此。但这种不合理的期望，正是亚马逊对公司高管的要求。这也是亚马逊对很多人来说不是一个很好的工作场所的原因之一，因为如果不恪守高标准，他们就会暴露。官僚主义会为绩效差的员工提供藏身之地，而这也是他们喜欢官僚主义的原因。在 2017 年的致股东信中，贝佐斯解释了高标准的好处：

打造高标准的文化是非常值得的，也有很多好处。当然，最明显的一点就是可以为客户提供更好的产品和服务，仅仅这个理由就足够了！可能不那么明显的一点是人们会被高标准吸引，这有助于招聘和留住人才。更微妙的一点是高标准的文化可以保护公司中所有"无形"却至关重要的工作。我指的是那些没有人看到的工作，那些不需要监督就能完成的工作。在高标准的文化中，做好这项工作本身就是一种奖励，也是专业的一部分。最后一点：高标准是一种乐趣！一旦你尝到了高标准的滋味，你就再也回不到过去了！[1]

在开发和完善流程的过程中，一定要记住：简单性是抵御官僚主义悄然进击的重要堡垒。

打造可扩展流程的秘诀

以下是打造可扩展的卓越流程的一览表：

1. **流程首席执行官**：每一个流程都有一个领导者，而这个领导者就是流程首席执行官，其负责打造世界一流的功能。但这并不意味着他或她在所有地点都操作这个流程。举例来说，库存接收流程是一个至关重要的订单履行中心流程。流程首席执行官不必亲自到亚马逊的数百个订单履行中心操作库存接收流程，但他或她提供的是每个订单履行中心都在使用的世界一流功能。

2. **"两个比萨团队"**：作为专注的小型团队，"两个比萨团队"一般是指不超过 10 人的跨职能团队。在方法 20 中，我们对此做了深入剖析。

3. **客户**：正如亚马逊平台战略所显示的，客户包括内部客户和外部客户。企业必须深入了解自己的客户及其计划、路线图和需求。为客户建立人物画像，并向其提供具有吸引力的功能。

4. **自助服务**：流程应当是自助服务的。那些正在使用或想要使用你的流程的人，无须与你对话便能发现你的服务，并签订合同，进而执行、管理和优化使用你的服务。这是一项强制功能，迫使团队定义和解释自己的流程。关于强制功能的更多内容，参见方法 24。

5. **定义**：给流程下一个深刻的书面定义，并将重点放在连接和接口上。把流程想象成一个黑匣子。虽然不了解黑匣子里发生的事情的细节，但要准确定义黑匣子中输入的是什么，输出的又是什么，同时还要准确定义指标。

6. **指标**：这包括日常指标、运营指标和长期指标。在亚马逊，长期指标有时也被统称为"适应度函数"。适应度函数是一组长期指标，显示的是流程或功能的长期状况。在适应度函数获得批准之前，首先要对采用、规模、成本和质量等关键指标进行认真探讨，并达成一致意见。

7. **应用程序接口**：打造自助式功能离不开应用程序接口。应用程序接口允许其他系统嵌入你的功能，将上下游的合作伙伴和其他系统连接在一起，并定义流程和功能之间的编排与业务规则。这些接口的设计是流程工程的关键组成部分，因而属于核心业务。

8. **可能性路线图**：就流程而言，它有一份有助于功能创新和改进的路线图。作为与团队及合作伙伴就潜在的新想法和新功能开展持续对话的一部分，该路线图会被不断更新和增补。这不是已经被批准或获得资助的路线图，而是一份被编目的想法列表，把各种想法记下来，可以促使团队不断思考未来。要养成以批判性思维提出问题的习惯：如何扩展关键功能，如何改进运营指标，以及如何提高质量。把有关这些问题的想法写下来，久而久之，你就会收获更好的创意。当需要一个详细而又专注的计划时，你就有了足够多的好想法，因为你先前已经付出了努力，而做这样的事情是仓促不得的。

思考你的核心流程。是否有机会提升流程服务标准，改进这些流程影响业务的方式？首先要认真考虑和讨论哪些核心流程需要扩展，并对要素一览表进行评估，然后开始设计流程。

当然，在流程到位之前，你还需要进行数学运算，以免做无用功。

关键思考题：

1. 要想建立拥有企业关键服务的小型团队，你该从哪里着手？

2. 你的企业需要扩展哪些功能？这些功能可以通过上述"打造可扩展流程的秘诀"予以改进吗？

3. 你预计会遇到哪些阻力？你怎样才能在变革的挑战中占得先机？

数学运算
通往自动化和人工智能的路径始于公式

> 数学不是关于数字、方程、计算或算法的，是关于理解的。
>
> ——威廉·保罗·瑟斯顿

你知道业务流程的公式吗？你知道什么是输入变量和输出变量吗？在为客户服务时，我做了大量的流程再造和改进工作。在初期的讨论（和测试）中，我会提出如下 3 个问题：

1. 对于流程，你有足够深入而准确的书面定义吗？

2. 能否向我全面介绍为流程设置的平衡指标（成本、质量和产销率等）？除了上个月的指标数据，还可以讲一讲现在的指标数据吗？

3. 能否向我展示业务流程的书面公式？

答案通常存在很大差异。虽然许多客户都给流程下了定义，但这些定义既不深入又不准确，难以充分解释其业务是如何运作的。大多数流程都设有指标，但这些指标往往是单方面或不平衡的，常常还带有很大的时滞性。至于第三个问题，我看到的往往是一脸疑惑："他到底在说什么？"大多数时候，我的客户都不知道业务流程的公式是什么。真正了解业务的这些方面的人会做出什么样的回答？

方法 33　在改进流程和推动实现流程自动化的过程中，为流程和子流程建立最佳数学方程。这将帮助你理解和定义流程，了解相关衡量指标，进而推动业务朝着自动化和人工智能的方向发展。

如何着手？从运算开始

让我们来深入了解亚马逊前高管、我的前同事克利福德·坎塞洛西的工作实践。直到最近，克利福德还在一家全国性的家用设备安装及维修公司担任领导者。在他初涉家用设备维修业务时，客户通常需要等待 7~10 天才能预约到技术人员。在这种情况下，公司很难创建业务路线图，甚至无法按客户需求的紧急程度排定服务顺序。

幸运的是，凭借在亚马逊的工作经验，克利福德知道该怎做，并把这个方法称为"数学运算"。他先是着手创建一系列公式，以确定每天的有效产能。经过一番思考，他意识到在高水准下，每名技术人员的每日有效产能实际上是一个包含3个变量的函数：

技术人员完成一项工作所需的平均时间；

技术人员从一个工作地点到另一个工作地点所需的平均时间；

技术人员一次出勤便完成维修工作的比率。

这样一来，他就得出了技术人员的有效产能公式：

（8个小时 × 一次性完工率）/（完成工作的平均时间 + 移动至下个工作地点的平均时间）= 每日有效产能

如果完成一项工作的平均时间是 2 个小时，移动至下个工作地点的平均时间是 0.5 个小时，一次性完工率是 75%，那么技术人员的每日有效产能就是：

$$（8 × 75\%）/（2 + 0.5）= 2.4$$

每天 8 个小时的工作时间内，一名技术人员可有效完成 2.4 项工作。

在建立了公式之后，克利福德就可以将变量转化为指标了，比如一次性完工率和移动至下个工作地点的平均时间等。他追踪每一个指标，密切关注特定业务运营的动态。

接着，他分析了可能会影响各个指标的可能误差。在一次性完工率方面，这包括：

技术人员效能；

车上带错零部件；

车上未带零部件；

排班不准确。

公司对公式下的子公式以及指标影响因素的了解越深入，就越能改善业务绩效。这种深入了解可以让公司建立公式，强化人工决策效能。

如今，该家用设备维修业务已经显著改进了它的有效产能公式，并通过建立指标层级，进一步提升了一次性完工率。这些层级指标不仅可以用来衡量关键客户体验，还有助于发掘问题的根本原因，进而减少工作变数，降低运营成本。

如果你不了解如何衡量和改进业务流程，那么你可以按如下方法着手：

1. 挑选一个关键流程或客户体验。（在上述案例中，流程是一名技术人员在一天内可完成的工作量。）

2. 明确指标层级。（影响该流程的因素有哪些？）

3. 建立包含变量的公式。

一旦你有了基本公式，你就更容易了解流程的哪些部分可以从联网设备的数据收集中获益。

以克利福德所负责的家用设备维修业务为例，传感器可以用来获取如下数据：

公司货运卡车的实际路线和站点之间的实际行驶时间：公司可以利用货运卡车上的平板电脑获取实际行驶路线和实际等待时间的数据。一旦拿到这些数据，领导者就能用以对比司机的计划行驶路线和预期的行驶时间，进而找出可能会提升司机效能的因素，比如取消计划外的停靠点、提升工作效率和为司机创建更有效的行驶路线。

利用射频识别（RFID）传感器监测关键存货动态：射频识别传感器允许公司领导者了解关键存货是何时被装上和被卸下卡车的。这不仅有助于减少损耗，还可以让公司做好存货准备。

就家用设备维修业务而言，下一步将是与家用设备生产商合作，把联网传感器安装到设备中。这样一来，无须技术人员抵达维修现场，公司就可以了解问题出在了哪里以及需要哪些零部件。这将改善一次性完工率指标，而最终更能提升检测、建模和预测设备故障的能力。

为关键议题和流程创建公式

万事开头难，数学运算亦是如此。作为一个流程，这需要你深入了解公司的运营环境，需要有数学天赋，也需要有提升透明度的意愿，而对普通人来说，这些都是不想触碰的棘手问题。

花几个小时讨论运营环境中存在差异的主观原因，比努力完善你的公式容易得多。

在开始做数学运算时，最重要的事情之一是要记住，"不要让完美成为优秀的敌人"。不要执着于第一时间全面优化你的流程。对大多数人来说，打造超完美的业务流程让人望而生畏。与其在开始之前就放弃，不如专注于数学运算，推动持续改进。

紧盯奖赏是做数学演算的关键，而这个奖赏其实就是一个关键业务目标，它能改善客户体验、提升业务运营效率和扩大财务层面的影响。

思考题：

1. 你的企业的关键流程和功能是否有深入且准确的书面定义？

2. 你是否为流程设置了一组平衡指标（成本、质量和产销率）？除了上个月的指标数据，这些流程是否也显示了现在的指标数据？

3. 你可以为流程创建一个公式吗？

客户体验至关重要
衡量客户体验，设计制胜战略

如果你不重视自己的客户，其他人就会重视他们。

——贾森·兰杰拉（Jason Langella）

若把我的因公出差和因私出行算一块儿，平均每周会有一次。我很享受出行期间的"便利"，比如优先登机、无票出行和客房服务等。小小的乐趣给我留下了印象，让我脸上挂起笑容。

不幸的是，"便利"的对立面即操作上的"不便"会带给你更深刻的感受。以我搭乘美国航空公司的航班为例。顺便说一句，美国航空公司是阿拉斯加航空公司（我出行首选的航空公司）的合作伙伴。在美国航空公司订票时，它允许我选择"阿拉斯加航空公司"，于是我就能使用后者的会员卡号。然而，我输入卡号时，却总显示信息错误。所以，每次去机场办理美国航空公司航班的登机手续时，我都必须记得要切换航空公司。这显然不是什么大事，但你省不掉。一想到这里，我就不禁苦笑。

没错，这可能是在美国乃至全球旅行时所需的一长串手续中的一个小步骤，但我就是感到不舒服。每次都是如此。坦白讲，这个小问题可能会影响我对美国航空公司的客户体验的整体评价。

> **方法**
> **34**
>
> 客户体验不是网站体验，也不是移动应用体验。客户体验是指客户在关键场景中对你的产品或服务的整体看法，但也不仅限于产品或服务。建立专门用于衡量客户体验的指标。全面深入了解客户对整个体验的感受以及他们的反应。如此一来，你就会找到改进的方法，而更重要的是，你会获得创新和业务扩张的方法。

最近，一家邀请我去做一场主旨演讲的大型医疗保健公司想要我上一本著作的签名本，总计 1 500 册。我通过亚马逊旗下的 CreateSpace 订了书（真方便！），然后一一签名（手真疼！）。接着，我把这些书打包装入 15 个箱子，准备从家中运到活动会场。我挑了一家大型快递公司，但登录其官方网站后，我很快就发现，因箱子太多，无法预约上门取件服务。于是，我给他们打电话，等了 10 分钟之后，我被告知上门取货服务时间为"上午 8 点到下午 5 点"，而在这期间，我必须在家等候。开玩笑吗？谁会等上一天？即便这一天我都在家，我也无法保证快递司机可以随时上门取货。最终，我自己开车往返三次，把书送到了这家快递公司在当地的营业网点。又一个给客户添堵的运营案例。

"便利"按钮

说到底，大多数人想要的无非是一个"便利"按钮。它可以用来做什么？对我来说，有了"便利"按钮，我便可以按照我的条件，通过我选择的渠道开展业务。它连通全域，具有灵活性，会主动更新，且展现出对我最宝贵的资产即时间的尊重。此外，"便利"按钮可能意味着保障、"结果"和可靠的服务等级协定，不同于购买了某件商品之后，希望它能符合我购买时的预期。

在为客户提供便利方面，很多组织都做得非常出色。比如网飞，只需按一下按钮，它就可以无缝地播放你想看的内容。文件存储和传输应用 Dropbox 和 WeTransfer 能让你瞬间完成大文件的传送。脸书可以让你轻轻松松地与朋友和家人建立联系。然而，对这些公司来说，它们所面临的挑战是必须持续为客户提供新的体验，并在影响客户体验的操作上追求完美。

最近在跟一家领先的金融服务公司打交道时，工作人员让我把文件打印出来，签字后再通过传真发给他们，而不是使用电子签名。我甚至都没有想到传真机竟然还存在。

在网上订购了一件商品，送货上门，但当你退货时，你不能到其实体店退。在航空公司的票务柜台，你被告知"每到周五，系统总是有些慢"。这说明这些公司都没有做好业务整合，也都缺乏"便利"按钮。

正如朋克摇滚艺术家杰洛·比亚夫拉所说，"不便利，毋宁死"。是的，这句话原本是带有讽刺意味的，但现在无论你喜欢与否，都已是事实。如今客户不再忍受操作上的种种不便。在这个无摩擦的世界里，不便带来的感受，就像是被千刀万剐。我们经历过太多太棒的客户体验，已经不再满足于老派的平庸的客户体验。我们有时候会接受这种体验，那是因为我们别无选择，而不是我们乐意接受。我不想一遍又一遍地讲同一句话，但这值得反复听，因为很重要：许多组织需要重新思考、改进和大幅提升客户体验。

iPhone改变了我们所有人

在我看来，没有什么能像 iPhone（苹果智能手机）那样极大地改变客户的预期。我听说它被称作"生活的遥控器"。我们想要一个无所不能的应用，其不言而喻的特性必然包括现代性、直观性（不需要用户手册）、快捷性、易购性 [比如通过 iTunes（苹果数字媒体播放应用程序）]、安全性和可靠性等。现在，我们对生活中的一切都提出了这样的要求，包括业务体验。虽然很多事情都没有达到这个标准，但一个不可改变的事实是，我们已经将预期对标了卓越的移动体验。那么，预期落空的直接后果是什么呢？不满。

显然，网站和移动体验需要具备非常棒的特性，但这也仅仅是起点，是客户体验的基础。客户体验还包括搜索和购物体验、定价和议价体验、快递流程体验、培训体验、使用体验、维修体验、忠诚度体验、退货体验、客户服务体验、开账单和开发票体验、操作体验和质量、功能整合体验、升级体验以及产品周期终止体验等。换句话说，这涵盖产品的整个生命周期。因此，客户体验会影响商业模式就不足为奇了。

设计客户体验指标

评估企业的客户体验指标。在我的经验中，企业的大多数指标都是基于组织结构设置的，其中多数是财务指标、运营指标和流程指标。没错，我们在不断地优化它们。安迈企业咨询公司的一名领导者喜欢说："给我看看你们公司的损益表，我会告诉你问题出在哪里。"

在他看来，对财务和运营报告的要求，再加上大多数高管的薪酬结构和我们大多数人天生的竞争意识，使得人们关注并致力于优化损益表，大多数组织结构都是这样的。但问题是，客户在意你的组织结构吗？一点儿都不在意！但我们总是将组织结构呈现给他们，并让他们应对。

在企业常见指标之外，再增加客户体验指标，将有助于强化客户至上理念，帮助员工打破组织边界，进而推动卓越运营，即追求完美。那么，能不能举一个为客户体验设计指标的例子呢？

完美订单率——亚马逊的首要指标

亚马逊坚定认为，客户满意度是其商业模式的核心。为了解卖家的运营情况，亚马逊使用了特定的绩效衡量标准，其中就包括完美订单率（POP）指标。简而言之，该指标追踪的是被完美接收、处理和送货完成的订单量。

在亚马逊看来，完美订单与操作不便是完全绝缘的，其不存在 A-to-Z 索赔（亚马逊的交易保障），不存在负面评价，不存在拒付货款，不存在取消订单，不存在延迟发货，不存在退货，也不存在买家发起的对话。

依照亚马逊的"建议"，零售商的完美订单率指标要达到95%以上。"建议"的意思是，如果卖家的一些指标超过了标准水平，那么亚马逊就会采取行动，以降低其对亚马逊造成的损害：订单缺陷率超过1%，配送前取消率超过2.5%，以及配送延迟率超过4%。

为使完美订单率达到95%或更高，卖家需要优化产品列表，并提供最好的订单履行选项和客户服务。这意味着他们要找出订单完成得最差的产品，然后将其移出平台（见图34-1）。

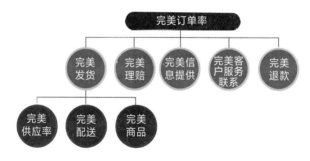

图 34-1 完美订单率：被完美接收、处理和送货完成的订单的占比

作为一个非常棒的指标系统，完美订单率通常会消除亚马逊生态系统中的商品列表不准确、发货延迟、追踪信息找不到和订单取消等状况。

专注于那些有助于打造和衡量客户体验的方法，同时花时间弄清楚如何衡量与客户之间的真实互动。这些努力将会为你带来丰厚的回报。要清楚地了解"便利"和"完美"对你的客户的意义。

思考题:

1. 你是如何衡量客户体验的?

2. 你真的衡量客户体验,还是仅通过调查等方式进行了解?

3. 你是否为客户体验设立了标准?

4. 你是如何定义和衡量完美客户体验的?

开发即拿即走技术
利用物联网重塑客户体验

任何足够先进的技术都与魔法无异。

——亚瑟·C. 克拉克

你听说过亚马逊的 Dash Wand 吗？很可能没有。这是亚马逊于 2014 年推出的一款专用于厨房和食品储藏室的快速扫描仪，但在上市初期并没有引起太大反响。借助该设备，客户可以扫描通用产品代码（UPC）、拍摄物品照片或以对话方式获取产品信息，以便再次订购。Dash Wand 从未大规模公开发售。

经过一段时间的限量发售，Dash Wand 迅速演变成亚马逊"一键购物"按钮——一种可放置在室内并可订购生活消费品的小型消费电子设备。它还催生了亚马逊快速补货服务（Dash Replenishment Service），该项服务允许制造商在自己的设备上安装一个实体按钮或添加自动侦测功能，便于客户在必要的时候从亚马逊再次订货。2018 年，亚马逊收购全食超市后，亚马逊智能助手 Alexa 版的 Dash Wand 被作为赠品发放给尊享客户。

> **方法 35** 借助传感器和物联网，你可以大幅提升你对客户体验的理解能力、测试新想法和开展试运行的能力，以及发动创新引擎的能力。

亚马逊低调的 Dash Wand 设备为我们提供了很多经验教训。首先，有的产品在其他公司看来可能是失败的，但在亚马逊眼中，它只是在下一条创新道路上迈出的一步。其次，有时候你需要的只是耐心，有些概念需要经过一两代产品才能取得成功。有时候是产品需要改进，有时候是市场有待成熟，或者两者兼有。但最重要的一条经验就是，物联网为改善客户体验、为企业创新和成长提供了新的范式。

亚马逊无人零售商店

"不用排队，不设结账柜台，没有收银机……欢迎光临亚马逊无人零售商店。"这是亚马逊推出的具有革命性的商店的承诺和标语，这种商店使得购物比入店行窃都要便利。入店时快速扫描亚马逊无人零售商店应用，然后开始购物。你所挑选的任何商品都会自动添加到你的虚拟购物车。如果把商品放回货架，它就会从虚拟购物车中自动被移除。

它的工作原理是什么？亚马逊的宣传短片显示，无人零售商店技术是计算机视觉、深度学习算法和传感器的综合体，"类似于自动驾驶技术"。[1] 出于显而易见的原因，亚马逊拒绝透露这项技术的更多详细信息。不过，亚马逊把这项强大的物联网混合技术称为"即拿即走技术"。正如该名称所示，当你完成购物时，你便可直接离开。就是这么便利！就像我前面说的，比入店行窃还要便利。事实上，在亚马逊无人零售商店行窃是非常难的。

2018 年 1 月，占地 1 800 平方英尺的首家亚马逊无人零售商店在美国西雅图开业。《纽约时报》称它是一家便利店，同时也出售全食超市中常见的一些食品。[2] 对顾客来说，这是一种无缝购物体验。亚马逊的即拿即走技术可见的标志，就是货架上方安装的一排排小型摄像机以及入口处装配的带有传感器的旋转栅门（类似于地铁站里的旋转栅门）。

正如《纽约时报》在其文章中恰如其分地指出的，真正的问题在于杰夫·贝佐斯打算如何利用这项已有的技术。虽然亚马逊正在建更多的无人零售商店，据称还有超过 2 000 家无人零售商店在筹划中，但也有人猜测，即拿即走技术可能很快就会被引入全食超市。亚马逊的 AWS 或许会将该系统打包销售给其他零售商和公司，"就像它把云计算服务销售给其他公司一样"。[3] 重点在于，亚马逊无人零售商店只是通往未来零售业的潜在巨幅路线图上的一站。

客户至上

除非你推崇客户至上理念，致力于提升客户体验，并积极探索如何利用联网设备解决客户问题，否则物联网不会推动你前行半步。你在生活中可能已经体验过了，当物联网出错时，后果会非常严重。还记得被德国禁售的联网玩偶"我的朋友凯拉"（My Friend Cayla）吗？该玩偶由美国创世玩具公司生产，但通过内置的麦克风，黑客可以监听孩子的对话，甚至还可以跟孩子通话。这是物联网的梦魇。[4]

那么，亚马逊怎样才能让那些具有革命性的雄心勃勃的计划如亚马逊无人零售商店走向成功呢？方法是从许多小的项目开始，比如亚马逊的 Dash Wand 项目。坚持客户至上理念，意味着你要不断尝试新事物，而其中很多都会无果而终。坚持客户至上理念，还意味着你要专注于那些行得通或可能行得通的事物，而不是将精力放到那些光鲜的更有利可图的短期机会上。忽视那些关于零售业如何运营的长期传统和假设，从客户着手，反向推动工作。

客户评价、每日免费送货、一键式订购、在线试读、尊享会员、AutoRip 音乐服务——在最初推出时，这些创新都充满争议或遭到行业传统主义人士的负面评价。否定论者并不了解亚马逊的长期战略：致力于提供更好的客户体验，并建立长期信任关系。正是由于这一战略，亚马逊的很多创新现在已经成为客户衡量所有在线购物体验的标准。

利用物联网服务客户

"这听起来不错，"你可能会在心里想，"但我不是杰夫·贝佐斯。我的客户需要完全不同的东西，而我们必须在这个过程中获得利润。"

从某些方面来说，你是对的——在你所在行业打造下一个 Kindle 或 Dash Wand 式的产品并非易事。但对那些坚持客户至上理念的企业来说，这正是物联网现在已经成为游戏规则改变者的原因。每个团队都可以获得技术和解决方案的组成要素，成本基础已经大大改善且仍在持续下降，而且你不用孤注一掷就能开展小规模测试。就大多数物联网解决方案而言，其关键技术包括传感器、连通性、云存储和云处理、分析以及机器学习。

重大成功需要大量试验，而在这个过程中，许多试验可能会以失败收场——不妨看看亚马逊的 Fire 手机或它投资的宠物用品网站 Pets.com，那都是网络泡沫时代的经典失败案例。利用联网设备提升客户体验的机会可以说无穷无尽，那么路径在哪里？

从客户着手

花一整天的时间去体验客户的生活。这种体验不局限于你的产品或服务，你要进行更广泛和更深入的体验。思考如何利用联网设备，以进一步提升你的产品或服务的客户体验。

客户至上理念是植根于企业文化之中的。要打造这样的文化，方法之一是倾听客户的心声。记住，成功的"客户反馈循环"并不局限于单一产品或单一渠道，而是涵盖整个企业，且包括一个稳健的持续运行的机制，以便不断获取与客户相关的数据。（仅靠一次客户调查是不够的。）好消息是，在一个由联网设备组成的世界里，数据的获取正变得越来越容易。

就倾听客户心声而言，最难也最重要的一点就是在整个组织内推行变革，而这需要各部门之间的支持与协作。

消除摩擦

接下来，你要做的是识别和消除摩擦点。你的客户面临哪些问题？为什么客户会联系你？你的产品或客服设备的哪些部分阻碍了这些问题的解决？你如何通过联网设备消除这些痛点？哪些数据可以为你或你的客户提供新的见解？

有时候，打造卓越客户体验的最佳方式是从想象糟糕的客户体验开始。假设一位老奶奶第一次使用手机，无论操作过程看起来多么直观，她都还是很有可能遇到麻烦。而遇到麻烦时，她会打上 45 分钟的电话，让体贴的客服人员解释"那些愤怒的小精灵为什么一直盯着我看"。如果得不到满意的答案，她可能会直接开车去电信服务提供商的实体店。但更大的可能是，她会把手机放进抽屉里，等到孙子孙女来看她时再拿出来，让那些十几岁的孩子教她使用。

对于她的这种体验，你会如何解决呢？

毫不意外，亚马逊预先就想到了这一点，其在平板电脑Kindle Fire（金读之光）上设置了"求助"功能，允许客服人员在征得客户同意的前提下，远程操作用户的屏幕，查找并解决问题。

当你思考如何减少所在行业的摩擦时，从设想糟糕的客户体验开始，再思索如何通过物联网或联网设备改善这种体验。

从大处着眼

就你所在的行业而言，下一项最具创新性的动议或许与你的产品并无直接关联——想一想亚马逊的无人机。亚马逊是一家电子商务公司，但事实证明，在线购物网站的设计以及它所提供的商品已经不再是客户的最大痛点。包裹配送的速度和效率是客户体验的重要组成部分，而在高度依赖合作伙伴执行配送业务时，亚马逊就已经意识到它需要强化物流控制，并持续开展创新。

想一想物联网的强大力量——它为你提供了与客户接触的新接口。借助联网设备，你可以更好地了解你的客户，并会获得更深刻的见解，进而利用这些见解打造更便于客户使用的产品和服务。

哪些数据可以帮助你更好地了解你的客户以及客户的体验？你如何收集那些数据？最重要的是，你如何利用收集的数据创造价值，提升客户体验？

将这种思维融入当前的客户规划，是推动企业转变客户服务理念即从以客户为中心转变为客户至上的关键。

切忌盲目扩张

公司常犯的重大错误之一，就是在新的性能或功能尚未得到全面测试和完善之前就急于扩大它的用户规模。对于新的方法，初期要保持在测试状态，并限制用户的规模。告诉用户这是一项新的性能或功能，还处于测试中，让他们保持合理的预期。然而，最常见的情况是，高管人员因承受压力或过于乐观，且致力于扩大规模、增加营收或全面推行尚未得到验证的计划，不得不推出不甚理想的新产品或新服务。结果就是，客户持负面评价，预期目标无法达成，而所实施的计划也没有发挥出应有的潜力。这样一来，在尝试新事物方面，企业就会变得畏首畏尾。

在亚马逊这样的公司，新功能或新产品的测试有时会持续数年的时间，然后公司才会扩大其使用规模。他们可能有一个扩大规模的计划，但在开始实施这个计划、为其编制预算并将其对外公开之前，需要先达成一定的目标，取得里程碑式的进展，或解决某些特定的问题。比如，亚马逊智能音箱 Echo 先是限量发售了几个月，然后才开始大规模售卖。

联网设备固然很好，但不妨想一想那个被德国禁售的令人毛骨悚然的玩偶"我的朋友凯拉"。所以，接下来我要解释的是，为什么信息安全是我们每一个人的责任。

思考题：

1. 你现在是如何通过创新提升客户体验的？

2. 在物联网或其他技术如何影响客户体验的问题上，你是否拥有一个创意清单？

3. 在客户体验创新方面遭遇的上一次失败，你是如何处理的？

4. 对于那些有着很好前景的想法和计划，你是否在其未得到验证之前就致力于扩大规模、创造收入？这种做法是否影响了创意的最终结果？

致命的信息安全
让安全成为每一个人的责任

方法
36 ①

> 网络安全远不只是一个IT问题。
>
> ——斯特凡纳·纳波

　　每个人都喜欢简单的答案，因为简单的答案让责任落到个人或团队身上，这样在事情出差错时就会有明确的指责对象。

　　每个人都喜欢简单的答案，因为它保证这项技术产品一定会带给我们这种结果。而在网络安全问题上，企业领导和董事会尤其喜欢简单的答案。为什么？因为他们不了解网络安全的风险，而且对此心存畏惧。他们只想要简单的答案。如果你或你的上司恰恰就属于这种情况，那我只能说很抱歉，你不会喜欢我接下来给出的答案。

---

① 方法 36 由约翰·罗斯曼与拉里·休斯（Larry Hughes）合著。

安全不是角色问题，也不是消除风险的问题。安全是对需求、人员、流程和风险接受度的综合开发，是一种必须融入每个团队的理念。

拉里·休斯打造了亚马逊的首批防火墙。他是亚马逊的第二位安全工程师，也是第二位全球网络和企业安全负责人。后来，他担任过很多组织的领导者或顾问，负责企业风险与网络安全等广泛事务。

我和拉里首次合作是在 2002 年，当时我正负责打造亚马逊商城。附带说一句，在这个业务领域，支付是一个重大风险问题。在谈及自己负责亚马逊网络安全工作所吸取的教训时，拉里指出，把亚马逊领导力准则第二条"主人翁精神"用在安全议题上再合适不过了。作为企业领导者，你不能把烫手山芋丢给别人，你要自己处理。

以下是拉里在亚马逊工作期间所学的一些经验教训和理念，它们至今仍影响着他：

1. **基于业务的合理的信息安全预算**：业务团队和内部服务提供者需要就安全相关需求做出决策和投资，就像对待其他任何业务相关的预算一样。举例来说，为企业提供电子邮件等办公工具的团队可能会说，"我们需要一个防垃圾邮件工具"，而决策和预算都出自他们团队。为什么？因为垃圾邮件会对电子邮件这一最常见的业务沟通形式产生不利的操作影响。为什么我们要期待安全团队预测或提升另一个团队的运营？这种思维会导致"习得性无助"，而后者至今仍是最大的企业安全问题之一。

2. **分布式所有权**：正如网络安全预算应该配置到各个业务团队一样，安全的所有权也应归属负责服务的各业务团队及其领导者。他们依赖安全团队提供的专业知识和标准，但也要对各自业务的各个方面负责。

3. **首席信息安全官（CISO）的角色和团队**：就像税务、财务和法务团队一样，CISO 团队也是一个为业务团队提供服务者，其职责是确保企业运营的顺畅（参见方法 12）。拉里团队的格言是："我们从不说'不'。"有时候，你必须提供更好的路径，重申解决方案的要求或方法。

4. **整合**：CISO 团队需要投入大量时间，接触和了解每一个利益相关方，特别是他们的痛点。CISO 团队需要尽早参与相关计划，为其他团队提供指导和专业知识。这能消除任何形式的"象牙塔"安全决策。以合适的方式将网络安全整合到其他团队的日常工作中，给他们的运营带来便利，而不是增添阻力。

5. **安全设计**：安全并不是一份核查清单或一道流程中的一个步骤。安全与组织中的其他任何要求或功能并无二致。在设计和管理一项功能的过程中，对安全要求、安全场景和安全风险都必须予以考虑和阐明。

6. **风险**：CISO 团队协助业务团队开展风险建模和风险量化工作。所谓安全，就是你要知道你所面临的风险，并通过数据或资产的价值对风险的可能性进行量化。网络安全风险同组织内管理的其他任何业务风险都是一样的。

7. **了解资产**：你需要非常仔细地对企业数据和资产进行归类。没有人喜欢做这样的苦差事，但它是必要的工作。如果你不知道自己有哪些资产，或者对数据的价值没有概念，那么你怎么可能做出恰当的业务决策呢？

8. **保护数据**：建立明确的管理制度，对涉及业务的所有关键数据实施保护。管理人员对其职权范围内的数据的方方面面承担全部责任，包括数据安全。

9. **安全评估和实施流程及框架**：CISO 团队会提供有关安全讨论和评估的流程及框架。像美国商务部下属的国家标准与技术研究院这样的机构正在开发信息安全框架、模板和标准流程，CISO 团队可以将它们引入企业，借鉴使用。

10. **另一种缺陷而已**：最重要的一点是，将安全问题视为另一种缺陷。这种缺陷同企业内的任何其他缺陷都是一样的。没有人一开始就想着设计一个安全性不佳的系统。当安全问题浮出水面时，你要做的就是依照严格标准，像对待其他缺陷一样彻底消除这些问题。

安全设计

安全设计是一种思维和方法，意味着"软件或系统的设计一开始就是建立在安全基础之上的。恶意攻击是无可避免的，而当发现安全漏洞或无效用户输入时，要采取措施将影响降至最低"。[1]至关重要的一点是，作为一种方法，安全设计预设最坏的状况，并将安全置于各要求事项及开发的核心，而不是寄希望于后期的审查。要组建强大的安全团队，定义标准，贡献专业知识和能力，但同时也要让业务团队和技术团队承担起各自业务和系统的安全责任，这支持着安全设计的分散性、前瞻性的本质。

2013 年 12 月，美国零售业巨头塔吉特遭黑客攻击，导致约 1.1 亿名客户的个人及财务信息被窃。这是有史以来最大的网络安全事件之一。事后的一份深入分析非常值得一读。[2] 一位专家对《塔吉特杀伤链报告》做了如下概括：

1. 攻击、防御和错失的机会都是以平实的语言描述的，最大限度地减少了技术细节的干扰。

2. 随着事件的展开，我们可以清楚地看到，IT 安全是很难做到万无一失的。这需要持续不断的努力，需要首席执行官和董事会层面的领导者转变思维模式，从单纯的合规管理转向真正意义上的风险管理。

3. 报告的执笔人适当地强调了深度防御的重要性，这是现代网络防御的一个关键组成部分。首先要打造防火墙，将大多数威胁挡在外面，同时也要利用动态监测程序、系统间的内部屏障以及其他控制手段来识别穿过了第一道防线的恶意软件，并消除其威胁。[3]

网络安全、了解和量化风险、参与讨论和权衡取舍是董事会和高层团队的工作。虽然首席信息官或首席信息安全官负责制订讨论和合作框架，但其管辖范围是非常有限的。信息安全很难做到万无一失，因此必须将安全和风险管理整合到所有的设计和流程中，同时加强人员培训，强化安全和风险管理理念。安全必须成为一种习惯。

思考题:

1. 对于数据资产以及与其相关的网络安全风险,你是否有一份优先级清单?

2. 网络安全是已经被全面整合到设计和管理流程中,还是只是一个核查项?

3. 网络安全风险的责任是否由企业领导层承担?

OP1
艰辛的规划过程

> 急事缓办。
>
> ——古罗马皇帝奥古斯都

亚马逊扩展流程、提供创新服务、提升客户体验以及优化人员和资源配置的种种创意来自哪里？对那些旨在扩大业务规模或推动业务创新的绝妙创意，亚马逊会在什么时候说"是"或"不"？这一切又是如何发生的？我经常会被问及类似的问题，而答案也不是三言两语就能说清的。不过，在亚马逊的世界里，对这些要素的评估和决策会在特定的时间和地点展开，也就是在公司的年度规划过程，即通常所说的"OP1"（运营规划1）中进行。

但先让我在这里插一句。OP1并不是一个简单、精准、高效

---

① 方法37由约翰·罗斯曼与克利福德·坎塞洛西合著。

的流程，也不是一个立即就能推动组织成长的流程。它是凌乱的、令人沮丧的、艰辛的、不完美的，是经典的"以慢为快"的业务方法。虽然有时候令人大为沮丧，但 OP1 流程有助于公司收集、解释和论证最佳创意，有助于高管团队做出最佳决策——接下来要推进哪些计划或搁置哪些计划，也有助于组织理清思路，聚焦核心任务。

> **方法 37**
>
> 通过如下问题来定义规划过程：我们的绩效如何？明年的规划是什么？我们的哪些创意会改善业务？我们应该追求哪些创新理念？把这些问题的答案同人力开支以及其他必要开支结合起来。在讨论的过程中，将商业案例包括在内，同时纳入关键的运营和客户体验的指标及目标。拿出充裕的时间，对草拟的文件进行全面细致的讨论，并交由管理层审读、讨论和决策。哪些创意和计划获得了批准，哪些未获批准或仅被给予资助（被否决或延后实施），都要在组织内明确公开。

OP1

西雅图的夏日时光是宝贵的。在忍受了长达 8 个月的寒冷、潮湿且变幻无常的阴沉日子之后，夏日在 7 月 4 日左右突然来临，太平洋西北部地区一下子就成了这颗星球上最美丽的地方。遗憾的是，如果你在亚马逊工作，你很可能会错过这段美妙时光。因为在 7 月、8 月和 9 月这三个月，除了为接下来的零售旺季做准备之外，你还要拿出时间来开会，讨论、撰写和评估明年的运营规划以及旨在扩大业务规模和推动创新的各种想法等。没错，夏季至初秋是亚马逊的"OP1 季"。

虽然一年之中有很多机会可以分析和讨论公司的各大议题，比如想法、计划、资源配置和业务评估，但一年一度的 OP1 不一样，它是亚马逊所有准则和策略的聚集地。尽管是结构化的，但该流程依然一团糟。你需要投入多少时间和精力，都是难以预测的。只有当流程结束时，一切才算结束。天才需要无数涂鸦、无数皱巴巴的纸以及大量可供"浪费"的时间。每年，这个流程不仅催生各种发明创意，还会进一步强化公司明确的决策和承诺。

OP1的基本结构

1. 团队从评估业务结果着手，进而确定未来几年的目标以及实现这些目标所需的预算和依赖关系。

2. 此外，高管团队下发详细的战略业务目标，所有团队和业务部门都必须做好准备，陈述其将如何提供支持。公司的目标十分详尽，便于团队充分了解他们将需要如何应对他们的业务或服务（比如，零售总额将增长35%，亦即增加780万美元的订单）。

3. 很多目标都是跨职能部门的，需要各团队齐心协力，共同完成。

4. 公司寻求有助于打造增量功能或新功能的想法。

5. OP1流程鼓励全面而深入的思考。

6. 计划的撰写（参见方法44、45、46和47）不拘于单一形式。

7. 会议开始时通常鸦雀无声，以便与会者阅读和"领会"计划。

8. OP1流程提前在各业务要素方面建立一致性，比如优先级、交付时间和依赖关系等。

9. OP1流程旨在确保人员和项目与公司整体战略紧密结合。

10. 阐明详细、客观的可追踪和可汇报的项目的衡量标准，鼓励员工发挥主人翁精神。

11. OP1流程有助于高管更好地了解同事的工作，避免出现人浮于事的情况，并确保各项规划顺利进行。

正如前面我所说的，OP1的结构是混乱的，但该流程有助于全面审视各团队的业务或服务的价值，并判断其是否符合公司的战略。此外，它还推动各团队全面思考和规划必要的路线图，为公司的整体成长目标提供支持。

OP1 采取的是自下而上的方法。公司的每个团队都准备各自的计划文件。然后，高级副总裁会将这些计划中最关键的部分以及计划所列要求、业务增长和其他要素的财务影响，汇总成所辖运营部门的概述性 OP1。

对汇总后的计划，高级副总裁会进行全面、详细的评估和审核，时间限定为一个星期。这期间，其他运营部门的副总裁和高级副总裁也会应邀参会，提供见解和批评意见。另外，这样做也可以确保该计划能够得到合作团队的支持和认可。在某些情况下，如果合作团队的领导者无法给出承诺，这样就有机会评估请求的重要性，并可考虑升级以进行更广泛的评审。

评审会议通常持续 4 个小时。在会议开始之后的第一个小时，全体与会人员会仔细阅读文件。紧接着是 3 个小时的提问。评审人员要进行严格的发问，但同时也要提出建设性的反馈意见。在财务假设和指标等诸多方面，评审人员要自己进行测算，而对所发现的错误则要严厉指正。此举能确保尽可能周全地考虑所讨论的计划。

明确的承诺和明确的思路同等重要。目标是商定的，交付成果是经过预测和承诺的，而预算则是可以调整和增加的。当然，可以寻求的创意总是多于可以资助的创意。对一些计划明确说"是"，则意味着对另外的大多数计划说"不"，或将这些计划延后实施。最好集中资源和精力狠抓几个关键计划，而不是不分轻重，各种计划一把抓。

亚马逊前产品经理谈到了他对公司年度规划流程的看法：

在亚马逊，各团队每年都要与高管团队一起创建和审议文件。这些文件详述了他们在过去一年的绩效表现和未来一年的规划，也包括所需的资源配置。OP1 通常是一份 6 页纸的叙事报告（以及数量可观的附件），全面检视团队业务的方方面面。基于此，你可能会获得大量资源，但也有可能会被打入冷宫（对那些表现不佳的团队，贝佐斯和公司领导团队裁撤起来毫不手软）。虽然过去我常常抱怨这个流程耗费了我们太多时间，但不可否认的事实是，这种严格的评估可能是亚马逊能够专注于投资，并在利润率较低的业务领域实现增长的原因之一。[1]

人人皆可尽其力

每个行业都面临着日趋激烈的竞争，而变革的步伐也越来越快，这已经不是什么秘密。你是否每年都会基于这一现实而调整或重新确定自己的应对计划？这不是一次性行动，因为环境年年都会出现重大变化。这就是亚马逊每年为 OP1 而牺牲夏季和初秋的原因之一。

没有一种流程是完美的，但通过为高管团队提供机会，让他们自上而下对业务施加约束，设立业务目标，并充分利用组织内每个人的想法，群策群力，就能做出明确、良好的决策。这应当成为所有规划过程的目标。你也赶紧行动起来吧！

思考题：

1. 在确立和评估潜在的项目及投资时，你的规划过程是什么？

2. 通过规划过程，你是否做出了明确、良好的决策？

3. 在规划创新项目方面，你的公司是否投入了适当的时间？

4. 创意是否来自组织的各个层面？这些创意是如何被收集和审查的？

人力资源战略规划
通过人员配置推动业务扩张和创新

大多数人错失机遇是因为机遇总是藏在辛勤工作的外衣之下。

——托马斯·爱迪生

在亚马逊，我们常开玩笑说杰夫·贝佐斯就像"奥兹国的魔法师"，在幕后操纵他的帝国。如果贝佐斯可以像伟大的魔法师奥兹一样，那么他也可以隐在幕后，自由地操纵整个机制，使之不受干扰、不被破坏。遗憾的是，像亚马逊这等规模的公司是无法如此运作的。作为美国最大的雇主之一，亚马逊全面自动化的梦想无异于多萝茜的冒险之旅——只是一个梦而已。然而，亚马逊确实面临着业务扩张、自动化和创新的压力。

业务扩张和创新并不是简单的任务，但大多数领导者都忽视了手边的一个关键工具：人力资源规划与配置。

亚马逊的直接人员与间接人员

亚马逊的员工基本上可以分为两类：直接人员和间接人员。直接人员是指技术人员和帮助实现业务扩张或打造新功能的人员。这包括专业技术人员、软件开发人员、流程架构人员、企业发展人员，以及产品经理和负责洽谈合同的人员。间接人员是指除此之外的员工——管理人员、运营人员、客服人员，他们负责的基本上是尚未实现自动化、尚未达到完美水平或尚未外包的工作。

关于如何扩展流程或创新，我们在OP1（参见方法37）流程中已经做了概述。最佳创意会被交给直接人员运作，比如工程师、架构师和产品经理。随后，间接人员会依据上述情况做出调整——增加或裁撤人手，全力保证相关项目的顺利开展。

如果每年都做出战略决策，重新配置各项技能，以便打造流程和技术，进而实现业务扩张的目的，那会发生什么呢？随着时间的推移，业务将会变得越来越明确、越来越数字化，并将具备越来越强的扩张能力。

订单履行机器人

正如《纽约时报》在 2017 年指出的，在自动化问题上，没有哪家公司比亚马逊更焦虑，也没有哪家公司比亚马逊抱持更多的希望。[1] 随着公司的飞速发展，亚马逊每月雇用成千上万的美国人。然而，杰夫·贝佐斯很早之前就意识到，亚马逊在世界各地建立的近 700 个订单履行中心将可能会成为业务扩张的灾难性障碍。

2012 年，亚马逊斥资 7.75 亿美元收购了 Kiva Systems 公司，并将其更名为亚马逊物流机器人公司（Amazon Robotics）。两年后，Kiva 研发的机器人成为亚马逊仓库的主力军。截至 2017 年，亚马逊已在世界各地部署了超过 100 000 个机器人，而且这一数量还在增加。[2]

除了帮助亚马逊兑现"次日达"这一雄心勃勃的送货服务

承诺之外，这些机器人还承担了最无聊的工作，使仓库员工从千篇一律的事务中解脱出来，转而从事一些涉及脑力劳动的任务。Kiva机器人取代了仓库员工吗？没有。亚马逊向《纽约时报》表示，自从引入Kiva机器人，公司在美国增加了80 000名仓库员工，而目前仓库员工总数已经超过125 000人。[3]若你访问亚马逊物流机器人公司的网站，你会看到一条标语——"我们现在重新想象"（We Reimagine Now），然后是机器人领域的培训和竞赛邀请，旨在激发更多创新。

鲨鱼

多年来，许多竞争对手都将亚马逊比作鲨鱼。要知道，鲨鱼从不停止游动，从这一点上看倒是一个贴切的比喻。在亚马逊前所未有的扩张历程中，贝佐斯和公司领导层总能提前看到未来几年的发展瓶颈，所以他们从不安于现状，也没有时间停下来享受成果。当每一天都被当作"创业第一天"对待时，你是看不到尽头的。

作为组织，需要审慎挑选所要投资的流程，确保它们是真正的瓶颈或关键因素。你有希望拥有很多想法，但最终落地的只能是少数。毕竟，你不会希望原本计划建造的一居室，最终变成温

彻斯特神秘屋 [1]。

思考题：

1. 你的组织是如何管理业务扩张的？

2. 作为一个工具，人力规划是否被用于推动组织的数字化和创新进程？

3. 能否依据业务优先级对人力资源进行配置和调整？

---

[1] 温彻斯特神秘屋位于美国加利福尼亚州圣何塞，是一座庞大的建筑，经历多次倒塌、重建和扩建，许多荒诞怪异的传说都来源于此。——编者注

架构是企业战略
以技术和架构取胜

架构并不是一个充满灵感的事务，它是一个理性程序，建造合理而且希望是美好的事物。仅此而已。

——哈里·塞德勒

位于美国圣何塞的温彻斯特神秘屋是由军火公司创始人威廉·温彻斯特的遗孀建造的。虽然整座宅邸有大约 160 个房间，但在建造过程中缺少了至关重要的一环：规划。这座宅邸并不是由建筑师设计并建造的，而是由温彻斯特的遗孀以随意的方式不断扩建的。结果出现了很多不合常理的设计，比如不知通往何处的门和楼梯、可俯瞰其他房间的窗户以及尺寸怪异的楼梯立板。[1] 这听起来像不像技术和数据架构？

业务战略和技术功能存在交叉，而在这个交叉领域，我同许多公司有过合作。大多数首席执行官面临的重大挑战和挫折是，为实现业务价值而做的微小改变，"需要投入太多的时间和太高的成本"。IT 预算的大部分被用于维持当前系统的正常运行，而不是打造新的功能。我常常将他们的 IT 架构比作温彻斯特神秘屋——有很多应用，也有很多接口，但缺乏总体规划或架构。当你想要迅速进行更改、增加功能或扩大规模时，你就会发现它有多么僵化和可憎。

> **方法 39**　对企业来说，如何设计、开发和操作数据及技术架构至关重要，因为这会影响企业的价值。架构决定了企业的敏捷度以及企业所面临的风险类型。这些都是值得注意的商业事项，而你必须深度参与其中。在时间、人力或预算的投入上，不要吝啬。

　　一项解决方案或设计是如何达成的？首先，你要了解该解决方案所要服务的用户及其所要解决的问题。列出各项"需求"，然后找出达成该解决方案的最快路径。这种解决方案也被称为单点式解决方案。

　　就技术开发而言，这是权宜之计，是缺乏远见的。当然，面对庞大的需求，企业选择走捷径也是可以理解的。有时候，技术人员也被要求采取快速的"蹩脚"方法。但技术架构如数据、软件、接口、应用程序接口、联网和基础设施的设计则不同。单纯寻求单点式解决方案，无异于给温彻斯特神秘屋增建一间房，毫无规划可言。如果缺乏愿景，那么你就无法为两件非常重要的事情——潜在的错误和明天做好准备。

架构的特性

保罗·特尔宁（Paul Tearnen）是我的朋友，也是我在安迈企业咨询公司工作时的同事。另外，他还是我心目中最优秀的企业技术架构专家之一。他告诉我，技术架构需要达成各种"特性"。什么意思？特性是指"一种品质或状态"。那么，在理想的情况下，数据和技术架构应该考虑哪些品质或状态呢？

可伸缩性：迅速提高或降低系统的吞吐量或服务容量的能力。

安全性：把你想阻挡在外的阻挡在外，把你想保留在内的保留在内。这就是安全性吗？关于安全方面的更多信息，参见方法36。

柔性：多用途，并适用于不同的应用场景、不同的地理位置，以及需求相似但处理要求不同的情况。

互操作性：能与其他类型的技术（特别是不同品牌的技术）和外部系统互通且互动顺畅。应用程序接口是打造企业以及企业间数据和流程互操作性的方法之一。

度量性：系统的检测和监测能力，能够识别、报告乃至预测业务的运行情况以及哪些方面可能存在挑战或故障。该性能对 IT 运作以及依赖于度量的业务流程（如收费和计费）大有助益。

易用性：技术和用户之间的轻松而直观的交互。它是技术的人体工学和机器设备接口。此外，易用性也解决了技术对操作条件的环境适应性问题。

可追溯性：追踪、审查或解释交易、决策和系统流程如何发生的能力。"账户调节"可不是什么有趣的工作，但按照《萨班斯-奥克斯利法案》和其他法律法规的要求，"控制"的本质是能够显示整个公司的步骤是如何形成的（通常是从现金周转的角度），且能够展示所有的交易都是以它们应该发生的方式发生的。随着自动化和机器学习的运用越来越普及，创造透明性和展示决策过程也成为可追溯性的一部分。

可扩展性：能够以尽可能低的成本、尽可能短的时间和尽可能少的投入，有效满足未来业务需求的基本特性。

可重用性：可扩展性的一个要素，将同一技术用于多重目的的特性。模块性、面向对象设计和适当抽象化都是创建可重用性的方法。

完整性：在分布式体系结构中，运行于若干数据中心、若干云端区域及广泛的地域位置的数据和技术所具备的一致性与可信赖的真实性。特别要指出的是，数据必须是正确的、获得授权的。在传统的"原子事务"案例中，要么一项事务的所有方面都成功地提交到分布式数据库，要么事务回滚至初始状态，而该案例如今由于"最终一致性"而有所增强，在后一概念中，数据的有效值最终是在数据的所有分布式版本中生成的。

模块性：在软件中创建分散、定义明确和各自独立的功能。一个解决方案通常会将若干模块服务整合到一起。亚马逊的一个重要战略理念就是，模块服务必须是"自助的"——换句话说，利用你提供的功能，一个人不必与你交谈就能了解、设计、测试、部署或操作该项服务。这不仅有助于扩大技术规模，而且有助于扩大组织规模。

品质性：系统达到预期水平的一种理念。在技术方面，关键的促成因素包括测试、验证、部署、管理多个版本以及有效处理软件缺陷的便利性。

稳定性：在不影响底层架构的情况下处理新需求和运行动态的能力。架构设计中的适当抽象是实现稳定性的关键。在计算机、网络和数据中心的实体环境中，稳定性也反映在冗余、故障转移和灾难恢复场景上。

可用性：迅速响应的能力。美国娱乐与体育节目电视网的美式橄榄球分析师在谈及运动员和运动损伤时常说，"最好的能力是可用性"。在零售领域，如果某商品不具备可用性，你就会失去订单，往往也会失去客户。技术领域亦是如此。系统必须具备可用性，并提供用户和企业所要求的响应时间。延迟时间最短的准实时（NRT）系统是至关重要的架构理念（既不便宜也不容易），可以促成很多数字体验。

助人助己

在影片《甜心先生》中有一个令人难忘的经典片段：赛后，体育经纪人杰里·马圭尔同他的球员罗德·斯特林在更衣室里推心置腹地交谈。马圭尔恳请斯特林做一些改变，让球队愿意延长他的合约。"助人助己！"马圭尔恳求。与之相对，商界人士经常对他们的技术团队说："这是你的问题，呆子。"如果你想在数字时代赢得竞争，那么你就要成为技术团队更好的业务伙伴和合作者，这一点至关重要。（顺便说一句，称他们为"呆子"可能不会给你带来好处，如果你平时确实这么称呼他们的话。）

作为技术团队的业务伙伴，你的职责是什么？首先，重视架构的各个要素，明确阐述需要哪些指标，以及如何从业务的角度度量这些指标。深入研究应用场景，并清楚说明它们是怎么运作的。对如何支持这些场景保持好奇心，并就每一种场景提出若干问题。其次，着眼长远，你必须愿意投资开发具备上述基本性能和功能的架构。再次，发起进攻，让你的架构成为你的战略。

最后，了解架构的特性是如何建立的，并了解其中的取舍。弄清楚如何将这些特性转化为竞争要素，既要赢得客户，又要赢得市场。如果你可以清楚地向市场表明，你在这些特性上优于竞争对手，并证明这些特性对客户至关重要，那么打造架构特性的"间接成本"就可以变为"直接成本"。直接成本也被称为主营业务成本（COGS），是与营收直接相关的成本。现在，架构就要成为公司业务了！

贝佐斯的API宣言

我见证了亚马逊的一个重大转折点。1999 年，《巴伦周刊》（*Barron's*）刊发了现已被誉为经典的封面报道《亚马逊炸弹网》，预测亚马逊股价将重蹈宠物用品网站 Pets.com 和健康及美容护理产品网站 Drugstore.com 的覆辙。[2] 但亚马逊并未陷入灾难，相反，从市场信心的视角看，它已经转危为安，并成长为"科技四骑士"之一。[3] 在《巴伦周刊》的那篇封面报道刊发后不久，我们就开始认识到，亚马逊实际上跨了两个关键企业类型。

第一，毋庸置疑，我们是一家商品涵盖广泛的、类别众多的电子商务零售商。当时，我负责商城业务，即我们内部所称的在线商家（Merchants @）业务。在线商家业务对亚马逊打造"无所不包的商店"来说至关重要。利用该业务平台，我们开设了 14 个类别，比如服饰、运动用品、乐器、食品和珠宝首饰。

然而，正是在这个时候，亚马逊开始将自己视为一家平台公司，即除了作为零售商之外，还要服务很多其他公司。我们决定所有系统都要通过应用程序接口实现互操作性，无论是在内部还是在外部。这些应用程序接口必须是"硬接口"，这意味着它们有完善的架构，不易发生突然变化，而且是向前兼容的。应用程序接口必须设有服务等级协定，后者针对速度和可用性的一组性能标准来进行衡量。而服务等级协定必须具有容错性，即需要假设其他依赖关系可能会失灵或降级。总之，在其他系统组件无法正常运行的时候，应用程序接口必须保持顺畅运行。

同任何重大变革一样，技术变革不容易，让人们明白、做出承诺并朝着同一个方向发力是很难的。贝佐斯以其一贯的清晰的沟通方式，在 2002 年的一份备忘录中给出了 10 条戒律。

亚马逊前工程师史蒂夫·耶格在一篇经典的博客文章中对该备忘录做了回顾：

贝佐斯的重大指令总结如下：

1. 今后所有团队都将通过服务接口公开各自的数据和功能。

2. 各团队必须通过这些接口通信。

3. 不允许使用其他形式的进程间通信：不允许直接链接，不允许直接读取其他团队的数字存储，不允许共享内存模式，不允许任何形式的后门。只可通过网络的服务接口调用通信。

4. 使用什么技术并不重要，HTTP（超文本传送协议）、CORBA（通用对象请求代理体系结构）、Pub/Sub（发布订阅模式）和自定义协议等技术都没有问题。贝佐斯不在意这些。

5. 所有服务接口自一开始就必须设计为开放接口，无一例外。也就是说，团队必须做好规划和设计，让接口能为外部开发者使用。是的，无一例外。

6. 任何违反规定者都将被解雇。

7. 谢谢，祝你度过愉快的一天！

哈哈！这里的150多名亚马逊前员工，一定会立即意识到第七条是我开的一个小玩笑，因为贝佐斯才不在意你过得好不好。

不过，第六条是真的。所以，对亚马逊的员工来说，要想继续在亚马逊工作就得认真遵守规定。贝佐斯安排了多名"首席监工"监督并确保项目进展顺利。在这个"监工团队"中，为首的是里克·达尔泽尔。里克早前曾在美国陆军游骑兵部队服役，是西点军校毕业生、前拳击手、沃尔玛前"首席虐待官"/首席信息官。他身材魁梧，待人亲切，但又令人敬畏，常常把"硬接口"一词挂在嘴边。说实话，他自己就是一个行走的"硬接口"，而在这种情况下，每个人自然都会努力加快进度，并确保里克知情。[4]

通过这种系统架构，亚马逊不仅扩大了内部组织规模，也扩大了商业模式的规模。如今，亚马逊拥有数以百计的公共应用程序接口——从产品相关的应用程序接口到 AWS 应用程序接口、Echo 应用程序接口和物流网络应用程序接口等，不一而足。

加大投资自定义软件

从 20 世纪 80 年代到 21 世纪初，企业资源计划之战占据了主导地位。企业争相采用思爱普、甲骨文和仁科等公司的套装软件解决方案。这些解决方案能有效帮助企业实现核心业务流程的标准化，比如制造、订单管理、人力资源或财务。它们虽然帮助企业提升和改进了业务流程，但并没有改变企业商业模式的本质。

如今，随着技术以及数字化产品、服务和体验变得日益重要，全面思考开发专有软件已经成为企业最重要的决策之一。

但不要让首席信息官做这个决策，让他或她参与决策就可以了。《华尔街日报》指出："新数据表明，世界上像亚马逊、谷歌和脸书这样的公司成功的秘诀就在于，它们投资了自己的技术，更不用说之前的沃尔玛、西维斯和联合包裹等公司了……用于招聘开发人员和开发公司专有、专用软件的 IT 开支，是关键的竞争优势。这不同于我们对研发的一般理解，因为软件是由公司专用的，而不是为客户开发的产品的组成部分。"[5]

公司的架构是由许多类型的技术组成的，而软件则为商业逻辑和客户体验提供了支撑，它需要一组至为关键的战略决策，特别是要确定哪些领域需要加大开发力度。

付诸行动

你可能不是技术架构师、软件开发者或组织的首席技术官，但作为企业领导者，你有责任推动业务增长，需要对这些关键技术理念保持好奇心，并紧跟潮流发展。在迈向数字化的进程中，每个人都必须提升自己对技术的理解。同技术团队就重要事项展开讨论，而且一定要设置指标和服务等级协定，这样你才能知道是否已经达到了所要求的绩效。

在组织中模糊"业务讨论"和"技术讨论"的界限，有助于推动数字化进程。在进行讨论的时候，提出问题是一个重要起点。

思考题：

1. 你的技术和数据架构是否有充分依据？你是否了解这一架构？

2. 在核心功能方面，你是否过于依赖套装软件？就一些特定功能而言，自定义软件是否会成为你的战略优势？

3. 在技术架构方面，你是否有一个与数字业务战略一致的计划？

提出问题
向首席信息官提出人人受益的问题

我在谈话中什么也学不到，只有在提问时才能学到东西。

——卢·霍兹

　　成为数字化企业和数字化领导者会增加组织的负担，因为这需要组织推出新功能，以新的方式获取和利用数据，并以快速和敏捷的方式开展内外部协作。因此，充分利用你的技术、有限的预算和技术团队也就变得至关重要。为技术团队营造一个良好的工作环境，是招聘和留住人才的关键。

　　作为规划过程的一部分，向技术部门负责人提出新的问题，将有助于每个人全面思考竞争和获胜所需的条件。

为什么要提出问题？

某大型时装零售企业供应链运营主管，后来转任该公司首席信息官。很多人都对他有效提升技术部门的能力持怀疑态度，毕竟从职业生涯看，他没有长期担任 IT 部门负责人的履历。在接下来的几个月里，我看到董事会、高管团队和 IT 领导团队提出了一系列不同于以往的问题（比如"我们如何衡量效率和生产率？"），旨在帮助启迪思维，确立战略和预期。有时候，这些问题并没有令人满意的答案，但思考的过程会催生想法和见解。

以下是一组可以向技术负责人提出的问题，顺便说一句，亚马逊技术团队也会被问及这样的问题。

1. 我们的关键（优先考虑的）技术功能、知识产权和数据资产是什么？我们如何衡量它们的价值和运行状况？

2. 我们优先考虑的技术风险是什么？我们如何评估这项风

险？各项风险的缓解、承受和应对计划是什么？

3. 就技术人员的工作环境而言，我们公司在同行中的排名如何？我们可以怎样改善环境？

4. 对公司的各项业务，技术团队都有哪些重要的数字化建议和技术建议？

5. 哪些技术功能和考虑事项需要集中管理？

6. 哪些技术功能和考虑事项可以嵌入业务之中？

7. 我们如何衡量网络和技术安全风险？

8. 在目前运行的 IT 功能中，哪些应该考虑合作或外包出去？

9. 我们如何衡量 IT 部门的生产率？我们是否有进步？

10. 如果业务规模扩大一倍，哪些 IT 功能可以扩展，哪些不能扩展？为什么？

11. 如果数据是组织的资产，那么按类型划分，我们的数据的质量如何？如何衡量？数据的质量是否有所提升？

12. 在目前手动操作的业务功能中，哪些可以或应该实现自动化？

13. 在接下来的 5 年里，有哪些重大科技趋势是我们应该多加利用的？有哪些具体应用场景需要考虑（比如机器学习、物联网、机器人或区块链等）？

14. 以"IT 团队的有效合作伙伴"为基准，对各业务团队进行评级。他们怎样做才能改进这一合作伙伴关系？分别具体讲一讲。

15. IT 部门为企业提供了哪些服务？这些服务是否有明确的定义和衡量标准？

16. 我们应该为企业定制何种技术？如何在该技术上建立竞争优势？

17. 哪些技术应该使用套装软件？我们能否轻松利用这些软件的新功能和新优势？

18. 我们的技术创新模式是什么？如何为新技术和新功能的测试提供支持？这些"形式化"的功能会通过何种路径转化为"核心"业务功能？

19. 当前存在哪些技术机遇？哪些新技术应该出现在我们的路线图上？它们可以解决哪些问题？它们可以创造什么优势？

20. IT 部门如何与服务和软件提供商合作？如何将它们构建成一个连贯的整体？

制订计划

美国总统艾森豪威尔有一句名言："计划无关紧要，制订计划才是一切。"就制订计划工作而言，书面计划是一个强制功能。

首先，你概述应该解决的问题。一般来说，分阶段进行是大有助益的，可以帮助你在过程中探索问题，并就下一阶段的问题达成一致意见。

IT 规划至为重要，需要各业务部门负责人深度参与，讨论评估，强化理解。对大多数企业来说，机遇既在于提高技术能力，又在于成为技术团队更好的合作伙伴。上述类型的问题和深度参与将有助于达成上述两个目标。

思考题：

1. 你如何衡量和评估技术预算的效力？

2. 你的技术规划和技术战略是否由技术团队主导？

3. 领导团队会通过哪些新问题来激发创新和推动技术进步？

终结人工的人工智能

为机器学习的未来做好准备

> 智能就是适应变化的能力。
>
> ——史蒂芬·霍金

在 21 世纪之初，亚马逊推出了土耳其机器人，并将该工具称为"人工的人工智能"。通过打造这一平台，亚马逊将所谓的人类智能任务即小件工作外包给世界各地愿意承接此类工作的人。此后，土耳其机器人主要被用于处理电脑难以完成的工作，比如审核书面内容或影像的质量。

然而，按照埃隆·马斯克的说法，人工智能和机器学习正以指数级的速度加快发展。[1] 姑且不论其进化速度，有一点是不可否认的，那就是人工智能和机器学习所能处理的任务越来越广泛，包括那些通常由土耳其机器人执行的任务。人工智能和机器学习的潜力和影响如此之大，以至于杰夫·贝佐斯在 2017 年的致股东信中给出了特别警示（或许也能称为鼓励），建议受众"拥抱外部趋势"。"我们现在就处于一个显而易见的趋势中：机器学习和人工智能。"他告诫。当贝佐斯专门花时间提出特别警示的时候，我建议你正襟危坐，认真聆听。

> **方法 41**
>
> 机器学习是一种以严苛方式针对具体目标而部署的能力，比如强化特定的管理决策及打造广泛的新功能和商业模式。它将改变所有行业的动态。领导者和组织都要做好利用机器学习的准备。至少，你要对机器学习保持好奇心和求知欲，并积极寻求自己所处行业的专业知识和案例。通过在关键流程中创建服务、度量工具和更好的决策规则，让你的组织做好拥抱机器学习的准备。

迈向机器学习时代

本书讨论的很多方法，都是为了能够利用机器学习时代，这并非偶然。收集大量与客户体验、流程和环境相关的数据至关重要。以审慎和精确的方式定义流程，弄清楚如何把这些流程变成服务，并通过数学运算为你的工作和决策创建规则和公式，是非常重要的基础。了解你的原则、做决策的方式和逻辑模式是极端重要的。这些深思熟虑的工程设计和内省，是算法实现流程自动化所需的基础。

亚马逊早已打好基础，做好了利用这些功能的充分准备。而且，它意识到了这种需求，并开始学习和尝试。亚马逊负责设备和服务的副总裁戴维·林普说："在 21 世纪第二个 10 年的初期，亚马逊尚未充分利用这些技术进步，但它已经意识到了这种需求的紧迫性。这个时代最重要的竞争将是人工智能的竞争——谷歌、脸书、苹果和微软都已经押注，而亚马逊则处于落后位置。于是，我们提醒每一位团队负责人：'你能如何使用这些技术，以及如何将这些技术嵌入你的业务？'"[2]

原则

"任何事情都会不断重复发生，"桥水基金创始人瑞·达利欧解释说，"原则是一种看待事物的方式，所以任何事情都可以被视为'这类事情中的另一件'，而当这类事情中的另一件出现时，我怎样才能把它处理好？"

达利欧记下他所遇到的每一个问题的判断标准，并在此基础上建立了一个决策系统。该系统可以让他描述问题的特性，制定判断标准，并轻松地从噪声中识别信号，此外，他还可以实现数据的同步，将许多问题转化为算法。[3]

德勤在《2018 年人工智能创新报告》中表示，未来人工智能与管理层决策之间的关系将会是一种"合作伙伴关系"：人类定义问题，并在最有利于业务发展的解决方案上掌握最终决定权，而人工智能则负责分析庞大数据，为决策提供依据。[4]

达利欧将人和机器之间的完美关系比作人和电脑并肩下棋。"你走一步棋，它走一步棋，"他说，"你据此比较、思考和改进你的棋招。"[5]达利欧接着表示，毋庸置疑，在一个复杂的暗盒模式中，你很难了解因果关系。

我们可以利用达利欧的方法，通过机器学习来提升我们的核心管理战略。具体来讲，我们可以借鉴他高度关注细节的做法，深入思考我们的业务模式，创建业务模式管理规则并形成书面文件，以便他人使用和改进，同时根据这些文件开发计算机模型。

在机器学习方面，高管或董事会至少应该做什么？主动学习、访谈，并关注机器学习对所属行业及公司的影响。你要持续探索在何时以何种方式开展小规模试点。作为组织，需要积累机器学习的经验和能力，唯有如此，将来才能够依赖这些创新功能。

做好全方位准备

"如果你不愿意或无法快速拥抱强大趋势，那么外部世界就会把你推入第二天公司的境地，"贝佐斯在 2016 年的致股东信中写道，"如果你对抗趋势，那么你很可能是在对抗未来。拥抱它们，你就会顺风顺水。各种大趋势并不难发现（它们经常会被谈起，也经常见诸文章），但大型组织很难接受它们。我们现在就处于一个显而易见的趋势中：机器学习和人工智能。"[6]

回顾过去，推动我们的商业和社会进入全新时代的科技进步浪潮是明显可见的，比如印刷机、电灯、汽车和晶体管。这些发明都对社会产生了积极影响（主要方面），但在它们被社会广泛接纳并大规模应用之前，人们也不是没有产生过恐惧，其中也不是没有经验教训可借鉴。

在《刷新：重新发现商业与未来》一书中，微软首席执行官萨提亚·纳德拉写道："今天，我们不再认为航空是'人工飞行'——它只是飞行。同样，我们也不应该认为技术智能是人工智能，而应把它视为有助于提升人类能力和力量的智能。"[7]正如"电子商务"已经成为商务一样，在接下来的 10 年里，"人工智能"也会成为我们的管理智能的一部分，并将被整合到日常流程和决策中。

对于管理，仅仅保持"关注"是不够的，你必须抱持强烈的好奇心。找出乘风破浪的方法，而不是坐等被潮水淹没。正如下一章将要讨论的，我们必须强化训练，让自己也让我们的团队做出更好的决策。

思考题：

1. 机器学习是否已经影响了你的行业？

2. 你是否已经在学习机器学习的有关知识，并思考它可能会在哪些方面产生影响？

3. 你可以在哪些领域开展小规模试点，为组织积累机器学习的经验？

第四部分
方法和执行

Think Like
ama●on

50 ½ Ideas to Become a Digital Leader

单向门或双向门？
更快做出更好决策

任何一家成功企业的背后，都曾有人做出勇敢的决策。

——彼得 · 德鲁克

重大的人生决定，你是如何做出的？2016 年夏，我们一家就遇到了这样的一个问题。我们有机会从华盛顿州的西雅图搬到加利福尼亚州南部。当时，我的儿子 AJ 正上高二，马上要升入高三。他爱打水球，搬到加利福尼亚州后，他可能会得到更好的日常训练和比赛锻炼，而这对申请大学也是有好处的，但他不想离开朋友，不想转校。

这是一个重大决定，仅凭一份简单的利弊清单无法解决问题。

> **方法 42**　加强自我训练和团队培训，掌握做决策的技巧。在大多数情况下，你需要加快决策速度。打造一种决策文化，让客户至上理念和数据主导辩论，但同时又要尊重决策权。一旦做出决策，就要公开宣布，并期待每个人都朝着目标前进。

遗憾最小化框架

我没有采用传统的"利弊法"，相反，我跟 AJ 讲了杰夫·贝佐斯的一个故事：1994 年，贝佐斯放弃了对冲基金德劭公司的高薪工作，搬到西雅图，成立了亚马逊。[1]那么，他是如何做出这个决定的呢？

贝佐斯在 26 岁时加入德劭公司。尽管此前他换过不少工作，但 4 年后，他还是升任了公司副总裁。在这个岗位上，他研究了新兴互联网带来的商业机遇。据市场传闻，在 20 世纪 90 年代初，只要有人能够拿出不太离谱的商业计划，就可以把互联网变成一座潜在金矿。

美国商业内幕网站报道，贝佐斯创建了一个在线销售产品清单，共包含 20 种产品，其中他认为最可行的是图书类别。问题是什么呢？他的老板 D. E. 肖（D. E. Shaw）不同意该计划，认为在网上卖东西不会成功。当贝佐斯坚持要辞职时，肖建议他再考虑 48 个小时，然后给出一个最终决定。贝佐斯照做了。事后来看，他当时所面临的是一个相当于改变世界的决定。年轻的贝佐斯采用了他所谓的遗憾最小化框架来做决定。多年后，他在接受媒体采访时对该框架流程做了解释：

> 我把时间快进，想象自己 80 岁时的样子。我对自己说："好了，现在我要回顾我的一生。我要最大限度地减少遗憾的次数。"我知道当我到 80 岁的时候，我不会后悔做这个决定。我不会后悔进入这个所谓的互联网领域，因为在我看来，它蕴藏着巨大机遇。我知道就算失败了我也不会后悔，但如果连试都不试，我将来可能就会后悔，而且这件事会日日夜夜困扰着我。所以，在这样一种情况下，这个决定其实是很容易做的。我觉得很好。你可以把时间拉长，想象自己在 80 岁的时候如何看待这个决定，那么你就能摆脱一些日常琐碎的干扰。大家知道，我在那年年中离开了这家华尔街公司，而在那个时候离开，也就表示放弃了年终奖。短期之内，你可能会对此感到惋惜，但从长期看，这可以让你做出日后不会后悔的重大人生决定。[2]

这是典型的贝佐斯风格。着眼长远。忘掉把 1994 年的华尔街奖金存入银行账户时的那种兴奋吧。50 年后，你对此会有何感觉？在成立亚马逊之后，贝佐斯将目光放得更加长远，不只考虑几十年后的结果，还把维度拉长到了数百年乃至上千年。说到前瞻性思维，贝佐斯一点儿都不含糊。

你可能会说，这个方法太棒了。对于一些重大的人生决定，比如辞掉一份好工作、搬家或冒险成立一家初创公司，贝佐斯的这个框架可能会有所帮助。但是，对于企业中的日常决策，我们该怎么做呢？

单向门和双向门

小型组织远比大公司敏捷的原因之一，在于它们的决策速度。事实上，它们的决策不仅做得更快，对业务的影响也更大。在亚马逊的飞速发展过程中，贝佐斯投入了大量的时间和精力，确保公司领导层能快速做出良好决策。

"为保持第一天公司的能量和活力，你必须以某种方式做出高质量、高效率的决策，"贝佐斯表示，"这对初创公司来说很容易，但对大型组织来说极有挑战性。亚马逊的高管团队下定决心，全力保持公司的快速决策水准。速度对企业至关重要，而有助于快速决策的环境也非常令人愉悦。"[3]

亚马逊对公司领导者提出的要求是，在大多数情况下都能决策正确。事实上，这也是它的一条核心准则。怎么做呢？他们必须拥有强大的判断力，同时也要挑战自己的观念，避免陷入证真偏差的泥潭。要知道，我们会寻找那些有助于确认我们最初看法的数据和观点。（这就是脸书广受欢迎的原因。在美国，政治两极分化极其严重，似乎再也没有人能在公开场合心平气和地发表意见了。人们总希望别人能够认同自己的观点。）然而，如果我们主动寻求其他视角和数据，那么我们可以做出更好的决策。这不是一种观点，而是一个事实。吉姆·柯林斯指出，即便是最成功的企业，当领导者被一群唯唯诺诺的人包围时，也必然会迈出走向衰落的第一步。狂傲播下的是毁灭的种子。

然而，怎样才能快速做出平衡、公允和良好的决策呢？瞄准可逆的决策。为保持较高的决策速度，你首先必须考虑决策可能产生的各种结果。这些结果是可逆的、经得起检验的，还是永久的、经不起检验的？在亚马逊，我们采用的是一个二元类别法——"单向门和双向门"。

"我们想到了单向门和双向门。单向门决策是说当你穿过这道门后，就算不喜欢门另一侧的风景，你也回不去，也就是说你无法回到原地。"亚马逊全球消费者业务首席执行官杰夫·威尔克解释道，"双向门决策是说当你穿过这道门后，如果你不喜欢门另一侧的风景，那么你还可以退回原地。我们认为双向门决策是可逆的，同时鼓励员工做这样的决策。既然双向门决策是可逆的，又何须无足轻重的审批流程呢？"[4]

决策要有目的性

从上述决策框架的背后，我们可以清楚看到，如何做决策既是一种技能，也是一项企业策略。哪些决策需要快速做出，哪些决策需要进行更多辩论和更审慎的讨论，这涉及技术人员和企业运营情况的核心层面。决策要有目的性，要讲清楚你是如何做决策的，以及如何将这一决策方法应用于其他情况。经过充分实践，你就能为组织开发出合适的工具，积累丰富的经验，并能掌握决策节奏。数字时代更需要快速决策。因此，你要想方设法把如何快速做出决策融入你的数字化之旅。

然而，做有些决策是仓促不得的。我们下一章将讨论这样一种类型的决策。

思考题:

1. 你的组织中是否有一套良好的决策方法或制度?

2. 快速决策对竞争而言重要吗? 你能做出快速决策吗?

3. 员工是否认真考虑过哪些会谈和决策需要升级处理?

提高标准

避免犯下最严重的人员招聘错误

要快，但不要急。

——约翰·伍登

如果你和我一样工作多年，那么想必你也犯过一些错误。回顾过去，我在职业生涯中犯下的最大错误是什么？这是一个棘手的问题，但我想真正的答案是人员招聘。招聘失误的真实成本是难以计算的：浪费时间，削弱文化，丢失业务，失去机会，丧失信心。

深入探究，我发现大多数招聘失误的根本原因是仓促行事。组织内出现了职位空缺，昨天就需要把人补上，流程很急。正是由于这种紧迫性，人事经理采取了折中方案，录用了一名可能会满足当前需求但其实在其他方面并不是很合适的候选人。不可避免地，这次人员招聘日后将会成为公司的债务，而非资产。我们如何避免这样的错误呢？创建一个可系统地有助于避免此类情况的招聘流程。在亚马逊，这个流程被称为"把关人"流程。

> **方法 43** 创建一个招聘流程，系统地帮助公司避免仓促行事——大多数招聘失误的根本原因。确保该流程有明确定义、衡量标准和方法体系。不要只是为了填补当前的职位空缺而招人，因为招人的目的是推动组织发展，并强化组织的适应和变革能力。

把关人

亚马逊的面试流程非常严苛。我当年加入时，在两个月里接受了 23 个人的面试。这虽然不是常态，但也表明亚马逊在人员招聘上是非常严肃的。每次面试都有具体的任务和目标。各位面试官会详细记录面试信息，并互相分享。面试情况必须及时汇报，并在达成共识的基础上做出决定。这表明亚马逊的招聘流程是有明确定义、衡量标准和方法体系的。

"没有哪家公司像亚马逊那样始终坚持自己的流程，"瓦莱丽·弗雷德里克森（Valerie Frederickson）说，"他们不只是雇用他们遇到的最优秀人才，也愿意一直寻找合适人选。"[1]弗雷德里克森是设在加利福尼亚州门洛帕克的一家人力资源顾问公司的创始人，该公司为脸书和推特等硅谷公司提供服务。

把关人是训练有素的独立于招聘团队的人。"独立"意味着他们不是公司招聘部门的员工，所以他们不会受可能导致招聘团队犯错误的"紧迫性"的影响。把关人所做的第一件事就是评估候选人的"可转换性"，也就是说，他或她在其他工作岗位或业务领域是否也胜任。如果候选人无法适应多个不同角色，那么未来的岗位弹性就会打一定折扣。第二，把关人提高了一般工作岗位的聘用标准。贝佐斯对此有过一段富有哲理的描述：在一名员工入职 5 年后，他应该这样去想，"多亏那时入了职，要是现在应聘，我都不会被录用"。

"你想聘用的是一个可以适应公司中各种新角色的人员，而不仅仅是一个填补职位空缺的人员，"约翰·弗拉斯特利卡（John Vlastelica）说，"这是一个昂贵的流程，因为要花很长的时间，但回过头来想一想，如果招人失误，恐怕付出的代价会更高。"[2]弗拉斯特利卡是人力资源顾问公司 Recruiting Toolbox 的创始人，曾为亚马逊等公司提供人力资源服务。

把关人参与招聘结果的汇报工作，听取每一个人的反馈意见和投票情况（只能投"是"或"否"）。人事经理、把关人和招聘团队中的其他成员之间是一种真正意义上的伙伴关系。三方寻求共识，但把关人拥有一票否决权。即便其他所有人都同意，但只要把关人说"不"，候选人就不会被录用。

提高标准

在亚马逊，被指派担任把关人是一项非常高的荣耀。遴选工作是基于你过去成功聘用和留住人才的记录而做的。然而，由于握有一票否决权，这个角色往往把你推到人事经理的对立面。作为外部意见提供者，你要做的就是保持独立，避免受工作岗位需求的压力影响，因为这种压力有时会让招聘团队做出仓促或短视的决定。

格雷戈里·鲁蒂（Gregory Rutty）曾是亚马逊的一名把关人，其职业生涯是从担任纽约一家出版社的编辑开始的。在 2016 年接受《普吉特湾商业杂志》（*Puget Sound Business Journal*）的采访时，他承认他的编辑技能并不是非常适合当初申请的亚马逊书店的工作岗位，但他最终还是被录用了。

"我不是那种典型的亚马逊员工，"鲁蒂说，"我甚至都不知道怎么用 Excel（微软电子表格软件），而且最重要的一点是，亚马逊寻找的是有才华、有抱负和有上进心的人。他们会把你以往的履历同未来的工作角色关联起来。"[3]

亚马逊的面试官对鲁蒂的评价是，他的品质符合公司的领导力准则和价值观，比如主人翁精神、领导力、崇尚行动和客户至上。他们还评估了鲁蒂在组织内的成长潜力以及未来创造价值的能力。显然，他们的评价是对的，因为后来鲁蒂自己也成了一名把关人。

"了解领导力的范例和灵活运用以往的经验是非常重要的，"鲁蒂说，"就面试整体而言，我认为最重要的是明确举例，表明你是什么样的人、什么样的员工。我觉得很多人会不小心忽略这一点。"[4]

即便不担任把关人，你在招聘流程中也是至关重要的。在亚马逊，每一名新入职员工的职业发展与领导者自身的职业发展是密切相关的。毫无疑问，这也是追求卓越运营的最有效的强制功能。

亚马逊的招聘流程

为支持严苛的面试流程，亚马逊开发了一个名为"马特·朗德工具"（MRT）的程序，以编写该程序的工程师马特·朗德的名字命名。MRT 的功能之一是，面试团队成员可以就其他成员的面试方法给出反馈意见，并提供相关说明，以帮助改进流程。

按照亚马逊自定的招聘流程的要求，面试官必须提供有关候选人的详尽的叙述性分析报告以及"是"或"否"的推荐意见。"可能胜任"这种模棱两可的选项是不存在的。我常常觉得我需要具备一名法庭书记员的技能。我认为我是一个善于总结的人，但该流程特别要求记下谈话内容以及候选人的反应情况，并对此做深层次评估。

为避免大多数面试流程中固有的主观性，亚马逊会提出一些非常真实的问题，并要求候选人给出解决方案。毕竟，保持客观的最佳方式就是问候选人："你会怎么解决这个问题？"

举例来说，面试官可能会问一个经典的电梯井问题，比如："在既定条件下，你如何优化电梯的楼层停靠方案，逻辑是什么？"或者问："你如何解析一组代码，来计算一个段落或一份文件中的单词数和字母数？"[5]

作为一名面试官，你的面试记录必须足够详尽，以作为是否录用候选人的佐证。对面试官来说，面试后工作安排的紧张程度丝毫不亚于候选人接受的询问。相关面试资料会在第一时间被处理，然后用于下一轮的面试。整个流程极为高效，下一组面试官往往会依据候选人在一两个小时前的回答，调整所问问题的方向。在担任面试官时，有时我会忘记听候选人的回答，要么是因为忙着根据先前面试官所提供的资料来思考要问的问题，要么是忙着记录候选人对之前问题的回答。在整个面试完成之后，人事经理和把关人会评估所有的面试记录和每一名面试官的投票情况。如果需要召开汇报会，那么所有面试官都必须参加。当然，把关人可以行使一票否决权，无须考虑招聘团队或人事经理的感受。

如同生活中的任何事情一样，亚马逊的招聘流程有自身的优点，但如果抛开其中的合理性，一味地模仿，那么它就有可能变成一个荒诞的流程。好与不好，只有一线之隔。不可否认，这是一个严苛的流程，但在其他大多数公司看来，它实在太过烦琐。

坚定的承诺

由于设置的标准过高，人员招聘可能会成为问题。有一个很多人不知道的事实是，亚马逊在 2000 年时濒临破产。那时公司没有足够的收入，支出却非常庞大。股价一路下跌，从 100 美元跌到 44 美元、20 美元，甚至 5 美元以下。随后，公司关闭了客户服务部门，并进行了大规模裁员。在接下来的几年里，亚马逊在招募最优秀的人才方面遇到巨大困难，因为它付不起具有市场竞争力的薪水，而股票期权也没有多大吸引力。公司面临很多风险，而我们基本上就是期待人们主动降薪，然后加入我们。

即便如此，亚马逊也依然坚持聘用最优秀的人才，从未在这方面打过折扣。我的一位同事花了整整两个月都没有招到合适的人，结果亚马逊直接砍掉了这个岗位，并告诉他招不到合适的人，显然是因为一开始就不需要这样一个人。

拿"A"才算及格

在亚马逊，最糟糕的事情莫过于沦为一名"及格的员工"。这个评价在其他公司可能是一个完全可以接受的描述，但贝佐斯并不这么认为。在他眼中，亚马逊的每一名员工都是公司的财富，如果有人不擅长自己的工作，没有做出足够的贡献，那么他或她实际上就在搭公司其他所有人的便车。按照公司规定，作为领导者，我们要做的是帮助他们把绩效提升至"A+"级别，或者设法刺激他们，让他们主动离职。

结果就是，在我服务亚马逊的那几年里，公司的人员流失率非常大。贝佐斯对我们说，要采取积极措施，留住那些绩效为"A+"的员工；对于那些绩效低于这一标准的员工，流失率高反而是他乐见的。

这一战略在薪酬策略中有着充分体现。在亚马逊，大多数股票期权都被授予了绩效为"A+"的员工，绩效为"B"或"C"的员工只能分到极少部分。相对而言，亚马逊的薪资水平是很低的，股票在员工的薪酬构成中占了非常大一部分。这就意味着，"普通的 B 类"员工无论是在期权授予还是职务晋升上，都大打折扣。这是贝佐斯在公司中灌输主人翁精神的方式之一：我们的财务状况与公司成功与否直接相关。

如果你坚信员工就是公司的全部，那么你必须投入大量时间和精力，用以甄别和聘用最优秀的员工。你的企业是否拥有评估新人才的流程？招聘失误是否影响了企业的绩效表现？造成招聘失误的根本原因是什么？你能否创建一种方法，帮助消除这一根本原因？你如何提高人才招聘的标准？

思考题：

1. 你的公司在面试和聘用方面是否遵循严苛的流程？

2. 公司是否做出过仓促或短视的聘用决定？

3. 在面试候选人时，公司是采取了行之有效的方法，还是只同应聘者进行了简单交谈？

关于叙事的叙事

丢掉PPT，强化明确性

> 沟通的最大问题，就是误以为已经沟通过了。
>
> ——萧伯纳

亚马逊 AWS 是世界上最大的云计算技术公司。2017 年，它的年营收运转率达到了 204 亿美元。换个角度看，这相当于亚马逊 2017 年的营业利润。AWS 的年业务增长运转率超过 180 亿美元，增幅高达 42%。[1] 据咨询公司高德纳的数据，AWS 的规模超过了其他 14 家全球最大云服务提供商的规模总和。[2]

虽然 AWS 的规模和增长率令人印象深刻，但真正的惊人之处是它推出的新产品和新的重大功能的数量，即创新的步伐。AWS 的首席执行官安迪·贾西表示，自成立以来，该公司已在其全球云平台推出了超过 1 100 项重要的新服务和新功能。这使得 AWS 在云服务、功能和实用性等方面成为云计算领域无可争议的领导者，遥遥领先于其他技术公司。

亚马逊是如何实现这种大规模、高强度的创新的？亚马逊的领导者如何决定做什么和不做什么？他们如何酝酿想法，并将其合理化？其实，这同亚马逊聘用最优秀人才的方法基本相同。他们采用叙事流程来回答这些问题，同时利用该流程表达和解释他们的想法。以"写"的方式来推动 21 世纪的创新行动，似乎有违直觉，但贝佐斯已经证明，有些时候最古老的方法也是最实用的方法。

> **方法 44**　以完整叙事的方式把想法和提案写下来，不仅可以催生更好的想法，提升想法的明确性，而且可以促进更好的对话。在做什么以及如何做的问题上，你会做出更好的决策。试点计划会被控制在小范围内，而风险也会大大降低。撰写叙事报告并不容易，需要花费很长时间。另外，对组织来说，这是一项习得的也是值得重视的技能。在打造这种能力的过程中要定下高标准。

什么是创新？

我认识比尔及梅琳达·盖茨基金会的一位顾问。作为微软技术部门的前资深主管，他一直强调："真正重要的功能是那些可交付的功能。"虽然这个表述现在听起来有些过时（时下显然已经没有人再交付实体软件了），但他的观点是完全正确的。创新并不是酝酿想法，也不是进行尝试或打造原型产品，创新是由可"交付"的新功能构成的。换句话说，它们是不仅可以影响客户，而且可以创造营收、提升质量或降低成本的功能。

企业及其领导者经常混淆创新和创意。虽然创意在创新中发挥着一定作用，但决定推行何种想法，第一步就是打造能够影响客户且能够带来新营收的功能。我们姑且称这一流程为"创新组合合理化"或策略设置。

第二步是开发或交付该功能，要尽可能快，尽可能实惠，尽可能敏捷，而最重要的是要确保可预测性。

杀手级特征：明确性

哈佛大学的战略学教授迈克尔·波特曾指出："战略就是做选择、权衡取舍；要审慎选择，做到与众不同。"[3]对你要做什么和不做什么，要给出明确说明，这能帮助你改进想法，做出审慎决策，并推动组织达成共识。领导者在制定数字化战略时所犯的根本错误是缺乏明确性，特别是在客户体验方面。怎么才能让客户感到满意？哪种运营模式会支持这一体验？哪些数据和技术会支持这一运营模式？我们的衡量标准是什么？

追求明确性并不是一个令人舒服的过程，可能会引发混乱。人们通常倾向于避免冲突，选择协作，对所有的想法和措辞基本上会照单全收。这种策略不需要人们开动脑筋，不需要最好的思考，而且本着"和睦相处"的精神，人们会避开敏感话题。相比之下，良好的叙事要求措辞准确、严谨，直击各种风险和敏感话题的核心（这些风险和敏感话题是实现目标所必须解决的），同时要求使用明确、简洁的语言，确保每一个人都能理解和掌握关键点。良好的叙事和撰写叙事报告的过程将会打破团队的一团和气，并有助于获得见解。

亚马逊领导力准则第三条是创新简化。通过书面叙事理清思路，是实现创新简化的一个关键操作方法。"几乎每一场涉及商业决策的会议，都是由文件促成的，"亚马逊副总裁卢·梅森说，"书面文件的一个重大好处就是，它大幅提升了整个流程的明确性。"[4] 是的，思维的明确性，决定做什么的明确性，以及某个想法会如何影响用户和业务的明确性。我的一位前同事和长期合作伙伴不止一次告诉我，我和客户打交道的方式让他获益匪浅，因为我总是以简单和明确的方式与对方沟通交流。这是我在亚马逊学到的。

什么是叙事？

在亚马逊，所有的计划、建议、服务和投资，都需要领导者撰写叙事报告，PPT（演示文稿）是不需要的（请鼓掌）。关于PPT如何滞缓组织的发展，已无须赘述。在2017年的致股东信中，贝佐斯写道："在亚马逊，我们不做PPT或其他任何幻灯片导向的演示。我们以叙事的方式撰写6页长的备忘录。在会议开始的时候，我们会安静地阅读备忘录，就像是在'自习室'一样。当然，这些备忘录的质量参差不一，彼此之间相差很大。有的像天使在唱歌，清晰入耳。这类备忘录精彩绝妙，周到详尽，可以为会议带来高质量的讨论。有时候，有些备忘录的质量则是另一个极端。"[5]

在亚马逊，叙事报告是指用完整句子撰写的2页或6页长的文件，有明确的主题、明确的时间安排和明确的受众。叙事的主题和受众必须有关联性。叙事中严禁罗列过多要点，也严禁使用过多幻灯片。可以使用数据和图表，但必须用文字加以说明，亦允许使用附件资料。在我看来，把想法清楚地写出来，是亚马逊创新流程的核心所在，而这也是其他组织可以借鉴的。正如格雷格·萨特尔所解释的：

亚马逊创新的核心就在于其6页长的备忘录，这些备忘录是公司开展一切活动的起点。高管团队成员必须撰写新闻稿，并就客户对产品发布的反应做出假设，然后给出一系列常见问答，预测客户以及内部利益相关方可能会提出的问题。

亚马逊高管向我强调，撰写备忘录的过程会让你全面理清思路。你没有办法掩饰问题或忽视问题的复杂性，你必须拿出切实的解决方案。这一切都必须在第一次开会前做好。这是一个非常严苛的流程，极少有其他组织尝试，而真正做到的组织更是少之又少。[6]

叙事流程

为什么有的计划或项目会延期，会预算超支，会日益臃肿，以致无法达成预期结果？可能有执行和项目管理技巧上的原因，但从根本上讲，最大的原因是一开始就没有准确定义计划或项目的最终状态。团队希望尽快启动计划，并着手推进设计、开发和测试工作。花时间写一份叙事报告将会极大提高工作事项的明确性，而各项工作也会被尽可能地细化和拆分，有助于以更快、更便宜和更敏捷的方式完成任务。撰写叙事报告费时费力，但写完了就不要再更改。一份报告需要写多长时间以及需要付出多大努力，都是难以预测的。不过最好还是设一个期限。一般来说，用一个星期写一份叙事报告是比较合适的。

叙事报告可以由一人独立完成，但通常而言，它是集体智慧的结晶，因为很多人和若干团队都贡献了力量。群策群力是有很多益处的，不仅可以让最好的想法落到纸面上，而且可以通过集体创作强化共识，建立合作关系。按照亚马逊的一贯做法，叙事报告是没有署名的。这就传递了一个信号，表明叙事报告是集体成果。

在完成叙事报告之后，就需要全面考虑评估会议和决策流程了。在最终做出决策之前，哪些人需要深入审核并批准该叙事报告？哪些人是关键决策者？在亚马逊，评估会议的持续时间一般为 60 分钟。在最初的 10 分钟里，与会者安静地阅读或"领会"报告的内容和主旨，之后便讨论项目的优点、选项、合适的后续步骤以及决策方案。

在叙事报告的撰写、评估及决策过程中，必须采取审慎的态度。这是一个严苛的流程，是需要花费时间和投入精力的。一旦写完，就不要再更改了。叙事报告撰写者通常会犯什么错误？他们没有投入足够的写作时间。正如贝佐斯所写的："他们误以为 6 页长的高质量备忘录可以在一两天甚至几个小时内写完，而实际上，这可能需要一个星期乃至更长的时间！……对于一份出色的备忘录，在撰写过程中要不断修改，也要分发给同事，请他们提出改进意见，然后搁置一旁，过几天再以崭新的心态重新编写……这里的关键在于，你可以通过提要求的方式来改善结果——一份出色的备忘录应该花一个星期乃至更长的时间来完成。"[7]

叙事结构

叙事报告必须有完整的思路、完整的段落和完整的句子。你可以使用图表和数据，但必须在文中加以说明。除此之外，对叙事结构不做要求，撰写者可以依据不同的主题、讨论时间安排和受众，自由选择与之相配的结构。

叙事报告最开始的部分通常以客户为主线。"谁是我们的客户？我们会带给他们什么好处？我们要为他们解决什么问题？为什么这个想法能让客户满意？"接下来的部分，则可能包括客户体验、依赖关系或要求、衡量成功与否的指标、商业案例和关键风险。

叙事范例

如果你想找一个范例，你正在阅读的这章就是再好不过的范例。现在，希望作为目标受众的你能够明白把想法完整地、明确地写出来的重要性。关于项目、投资、策略或经营管理等议题的叙事报告，不要使用 PPT，要让团队用文字将他们的想法和计划写在纸面上。在会议开始后的前 10~15 分钟里，安静地阅读报告。与会者不要带手机，也不要带电脑。看完内容后，就所述项目优点展开讨论。不要担心被要求改进报告或撰写后续报告。

毫无疑问，撰写叙事报告需要技能、经验、毅力和耐心。出色的报告不可能一蹴而就，因为你需要全方位地思考与沟通。

这是需要练习的。就写作而言，与其说它是一种艺术活动，不如说它是一种实用技能；与其说它是灵感迸发，不如说它是有条不紊地开展建设——就像建造完美的禽舍一样。你是否会严格要求自己，全力投入，用朴实无华的语言写下你最重要的想法和建议？有些高管和大公司开始认识到，作为一种打造明确性的强制功能，写作已经成为创新的关键。举例来说，摩根大通（我和该公司在管理方法上有过很多交流）就已经将叙事报告作为公司的一种写作方式。在这一点上，它越来越像亚马逊。"众所周知，贝佐斯先生是禁止使用 PPT 的，以确保亚马逊在成长过程中一直保持初创公司的模式。他要求员工精心撰写 6 页长的文件，并辅之以一篇新闻稿和一系列常见问题。过去 18 个月以来，在联席总裁兼联席首席运营官戈登·史密斯的带领下，摩根大通在消费者业务部门也采用了类似的做法。"[8] 你是否能够并愿意致力于培养撰写叙事报告之类的重要习惯，以改变公司的文化、成长速度、发展节奏和创新步伐？

现在我们已经讲完叙事报告了，而接下来的 3 个方法都基于亚马逊的创新流程的核心和灵魂——坚持以明确、简洁的方式让内容落到纸面上，并认真讨论。这也是这 3 个方法的关键属性。

思考题：

1. 创意和计划是否受到了狭隘思想的影响？

2. 项目是否变得过于臃肿、过于复杂？

3. 高管是否充分了解提案的细节，又是否施加了足够影响，以便做出明智的决策？

未来新闻稿
定义未来并推进团队协作

未来已经不再是它过去的样子。

——尤吉·贝拉

就创新而言，极少看到从 A 点到 B 点的直线。为什么呢？一般来说，我们只会对我们试图实现的目标做模糊的概述。这样一来，我们就倾向于在项目实施过程中不断修正目标，而这样做的结果是不仅浪费时间和金钱，而且有时候会直接导致项目失败。或者我们对目标有着各自不同的定义。

但如果你能在项目发起之前预见未来，并准确设想最终产品，那会怎样？听起来不错，对吧？是的，真的没有什么可以阻挡你。在亚马逊，这是司空见惯的做事方式，也是一项旨在强化明确性的活动，即公司所称的"未来新闻稿"。它不仅可以定义未来，而且可以防止你的组织结构沦为官僚主义的温床（参见方法 13），并授权一名领导者跨多个团队推动项目实施。

> **方法**
> **45**　　对于重要项目或重大变革，首先要公之于众。要清楚表明未来状态的杀手级功能是什么。将项目交由一人负责，组织内所有其他人员都要听从该负责人的安排，致力于将愿景转化为现实。

想象未来

大多数创新和变革计划都需要若干团队和多名领导者共同努力，共同承担责任。虽然详尽的叙事报告（参见方法 44）有助于强化深层次理解，但有些时候，采取简短的富有影响力的方法来激励各参与方也是很有必要的。

众所周知，在发布新产品、开展任何转型或进入新市场之前，杰夫·贝佐斯都会要求撰写未来新闻稿。撰写简洁但又具体的产品公告的过程，有助于进一步厘清最初的愿景。作为一项强制功能，它可以让你全面检视产品的关键性能、产品的采用状况以及产品走向成功的可能路径。未来新闻稿尽管是推测性的，但仍能帮助领导层向重要的利益相关方清楚阐述通往成功的路线图。

未来新闻稿的规则

作为一个重要方法，未来新闻稿可以用来定义明确而宏大的目标、各项要求及宗旨，也有助于在项目启动或企业变革之初就建立广泛的理解基础。以下几项规则可以提升该方法的效力：

规则 1：目标必须站在未来的某个时间点上阐明，即项目或产品已经取得成功的时间点。项目启动或产品发布时的新闻稿固然很好，但更好的是项目启动或产品发布之后的，因为这时可以讨论真正的成功。

规则 2：从客户着手。利用新闻稿解释为什么新产品或新服务对客户（或其他关键利益相关方）很重要。如何提升客户体验？为什么客户会在意？对于该新产品或新服务，哪些地方是客户满意的？然后讨论其他重要的理由和关键目标。

规则 3：设定宏大而明确的目标。明确阐述已经实现且可衡量的结果，包括财务业绩、经营成果和市场占有率。

规则 4：概述成功原则。这是未来新闻稿最需要技巧也最重要的一面。描述已完成的艰难任务、重要的决策以及促成成功的设计原则。讨论取得成功所需要解决的问题。尽早将"棘手"问题摆上台面，这有助于人们了解变革的真正本质。不要担心如何解决这些问题，你仍有时间思考解决方案。

强制功能

一旦拟定了未来新闻稿，项目负责人就需要获得授权，以推动目标的实现。重点制订一个以未来新闻稿为导向的沟通计划，帮助项目负责人在整个组织内找到成功路径。

记住，未来新闻稿是一种强制功能。一旦它被组织审核和批准，团队就难以收回他们之前所做出的承诺。项目负责人可以引用未来新闻稿中的部分内容，提醒团队负起责任。未来新闻稿描绘了清晰的愿景，有助于团队强化理解和兑现承诺，其作用如同合约。

图 45–1 是一个未来新闻稿范例，时间为 2022 年 12 月 1 日。注意前导段是如何明确阐述目标的。在该新闻稿中，前导段是"阿克姆公司获《消费者报告》杂志'最受推崇家电品牌'奖"。在设定宏大目标和时间期限之后，该新闻稿继续阐明公司为什么会获奖，并说明公司是如何从提出一系列不同的问题开始的，又是如何打造合作伙伴生态系统，并与传统竞争对手开展协作的。最后，它总结了一系列具体的里程碑事件，而这些事件则可被组织用于描绘路线图。

即时新闻：阿克姆公司获《消费者报告》杂志"最受推崇家电品牌"奖

帕洛阿尔托，2022 年 12 月 1 日：阿克姆公司荣获《消费者报告》杂志评选的"最受推崇家电品牌"奖。该杂志指出，阿克姆公司凭借行业领先的可靠性、安全性和互联互通的客户体验获此殊荣。

"阿克姆公司的家用电器超越了客户预期和传统的客户体验。性能的个性化设置、维修保养的可预测性，以及能耗和运行成本的优化，是阿克姆家电产品脱颖而出的原因。"《消费者报告》的首席执行官哈尔·格林伯格表示。

在谈及公司获此奖项时，阿克姆公司的首席执行官指出："我们在 2018 年发起了一项旨在重塑家用电器购买、拥有和操作体验的计划。我们通过探讨一系列不同的问题，来强化革新意愿，推动战略落地。这些问题为阿克姆公司以及其他公司带来了机遇。"

通过提出一系列不同的问题，并致力于建立一个包括传统竞争对手在内的合作伙伴生态系统，该公司及其利益相关方实现了共赢。阿克姆公司的重大产品改进包括如下几点：

- 可预测的维修保养服务计划，帮助用户减少 10% 的能耗。

- 危险环境和使用监测计划，帮助房主节省保险费用，而最重要的是，仅 2022 年一年就避免了约 10 起家庭火灾事故。

- 可通过自带系统对家电进行全面语音控制和更新，亦可通过用户偏爱的语音设备如亚马逊智能音箱 Echo 或谷歌智能音箱 Home 进行操作。

- 家电共享计划为公寓业主在家电使用方面提供了爱彼迎式的商业机遇。

- 基于能源网络智能优化的动态负荷管理计划，可以让房主每年节省约 20% 的能源。

阿克姆公司最大的创新是将深度数据与其他家居环境及家电数据结合，从而达到优化客户体验的目的。

"我们必须打破公司乃至整个行业的许多传统，才能实现这类创新。"

打造家用电器数据标准平台是一项重大的行业进步。无论是在客户满意度还是在市场占有率方面，阿克姆公司现在都是美国市场的领导者。

截至当日收盘，阿克姆公司股价报收 198 美元，创历史新高，同比增长 25%。

图 45-1 未来新闻稿范例

通过详尽的叙事报告（参见方法 44），我们可以加深对内部项目的了解。通过未来新闻稿，我们可以为成功下定义，以此提高项目的参与度、明确性，激发对项目的热情。2002 年，我就亚马逊商城业务写了一份未来新闻稿，其中有一句话至关重要："午夜时分，第三方卖家无须跟任何人沟通，就能注册、上架商品、接收订单，并为客户提供卓越的服务体验，整个过程就像亚马逊自己操作一样。"这一句话看似简单，但对亚马逊和我们的卖家都提出了极大的要求。比如，仅是自助服务一项，就需要整合20多个不同的系统。我把该新闻稿作为一项强制功能，让所有团队行动起来，合力完成这项艰巨的任务。顺便说一句，这些团队都不归我直接领导。我们摆脱了官僚主义的束缚，快速推出了商城业务平台，因为我们的行动足够敏捷，而且不受组织结构的影响，全力以赴推动计划实施。在亚马逊，专人负责的未来新闻稿是其取得成果的方法之一。

但对我们的用户呢？我们如何建立对客户的同理心？如何获取客户相关的见解？当然，亚马逊对这些问题也都有过思考。接下来，我们探讨的是常见问题。

思考题：

1. 你的计划是否始于已在组织内共享的定义或愿景？

2. 组织结构是不是跨职能部门合作或变革计划取得成功的障碍？

3. 负责变革计划的领导者是否获得了可在组织内灵活工作的授权？

常见问题

回答他人的问题同样会让自己受益

> 评判一个人要看他提出的问题，而不是他给出的答案。
>
> ——伏尔泰

在职业生涯早期，我曾经在一家咨询公司工作，参与了波音公司设在田纳西州的一座导弹工厂的项目。我们当时正在生产区域执行车间作业管理程序。我的一名同事对一部分工厂员工进行新技术培训，这项新技术是我们辛苦了好几个月的成果。我们信心满满，确信我们的系统是完美的。客户团队给我的这名同事取了一个亲切的绰号——"燕麦片"，因为他一向很注重健康的生活方式。我们两人那时都是年轻的工业工程师，而这个项目也是我们早期负责的项目之一。在将工单信息输入系统时，波音的一名操作员在房间的另一头大喊："燕麦片！哪个键是'任意键'？"因为这名操作员看到系统提示他"按任意键继续"。

操作指南和用户界面是我编写的，所以这不是这名操作员的问题，而是我自己的问题。我缺乏应有的好奇心和同理心，没有从用户的角度认真考虑，也没有想到这可能会让他们困惑。我不是从目标用户的角度，而是从我自己的角度以及我自己对系统的理解程度来编写这份文档的。如果我事先附上一组常见问题，那么就有可能避免这种引发困惑的情况。

> **方法**
> **46**
>
> 编写常见问题，培养对用户以及其他相关方的同理心，并获取见解。让组织内部或参与计划的所有人都阅读这一常见问题文档，并贡献各自的力量。在启动计划之前就做好这些工作，并时时保持更新，确保内容完备。还有一点是，没有什么问题是愚蠢的。

用常见问题来预测产品的关键问题

在写好叙事报告和未来新闻稿之后，你就可以通过创建常见问题文档，预测产品或业务中可能出现的问题。常见问题不仅可以为未来新闻稿增添更多细节，还可以回答与业务和执行相关的问题，确保计划顺利开展。它可以作为单独文档使用，也可以作为未来新闻稿的附件使用。

主动编写常见问题文档，会促使你全面思考产品的关键问题，亦能帮助你预先回答利益相关方可能会问及的重大问题。

一组出色的常见问题，可以让新闻稿保持简洁，并专注于客户关心的事项。常见问题应该包括议题的解决方案以及你在撰写新闻稿时所遇到的问题的答案。它还应该解决在新闻稿发布过程中出现的问题。出色的常见问题文档还需要增加如下内容：产品的优点是什么，客户将如何利用它，以及它为什么会让客户满意。

撰写常见问题文档会促使你从客户的角度考虑他们可能面临的所有挑战及困难，也会启迪思维，有助于你设计完全自助的不会让人产生任何困惑的产品。

常见问题范例

我曾有幸担任初创公司莫德朱尔的顾问。莫德朱尔生产一种内置传感器的劳保腰带，旨在帮助劳工预防、管理工伤和不安全行为。该款腰带配置 8 个传感器，可收集超过 56 个指标的数据。

我鼓励莫德朱尔的团队编写常见问题。后来，他们发现这个方法不仅可以帮助扩大团队规模，而且有利于开展团队培训。他们将常见问题发布到公司内网，并持续增添和更新内容。我们从提问（Q）、回答（A）和讨论（D）着手。以下是莫德朱尔公司常见问题的一部分，分为劳工、直接主管、风险经理，以及IT、法务和财务部门。请做好准备。

这是一组篇幅很长的问答，事实上也应该如此。它抓住了所有可能出现的问题，以便团队避免它们或提前做好应对准备。通过这一范例，我们可以一窥常见问题的详尽程度及合适的长度。在莫德朱尔，我们编写该文档的目的是培训新的销售人员。为提升问答质量，我们在许多常见问题下增加了讨论部分，并在文中以字母D代指。

针对劳工的常见问题

Q1：我如何系这条腰带？（哪一面是正面？要不要穿过裤襻？诸如此类的问题。）

A1：莫德朱尔智能腰带的系法同普通腰带是一样的——都穿过裤襻。带有电源开关、充电孔和紧急求救按钮的一面是反面，在正确使用的情况下，用户是看不到这些的。

D1：围绕如何正确系腰带的问题，莫德朱尔公司编写了用户快速指南。此前，公司实际上已经就如何设置数据中心和如何连接无线网络等问题给出了详细说明，但有些时候，在产品的设计过程中，我们过于习惯一些细枝末节，

从而忽略了最基本的问题，就比如这里提及的如何正确
系腰带。

Q2：我如何使用这条腰带？

A2：莫德朱尔智能腰带的使用方法同普通腰带大致相似：穿
过裤襻，不让裤子掉落，而最大的区别则在于电源开关。
在系上智能腰带时，确保开关处于打开状态，以便收
集数据。

D2：回答很简单。在改善客户体验的过程中，我们可以从这
个问题上学到很多东西，而特别重要的一点就是，为客
户提供易于操作的体验。

Q3：我如何为腰带充电？

A3：给莫德朱尔智能腰带充电很简单。将微型 USB（通用串
行总线）电缆插入 USB 插墙式适配器，再将该适配器
插入墙壁上的插座。在腰带充电时，充电孔一侧的 LED
（发光二极管）会显示为蓝色。

D3：值得注意的一点是，公司采用行业标准连接器。每个人
都知道微型 USB 是什么。这是一个简单而且符合使用
概念的设计选择，因为它采用的是人们都知道和都熟悉
的技术。

Q4：LED 的各种颜色分别代表什么？

A4：上方的 LED：

　　　　红色：腰带启动但未连接无线网络。

　　　　绿色：腰带启动且已连接无线网络。

　　　　蓝色：腰带启动且已连接无线网络和GPS（全球定
　　　　　　　位系统）。

　　　下方的LED（仅适用于腰带充电时）：

　　　　蓝色：腰带正在充电。

　　　　无颜色：腰带充电完毕。

D4：指示灯可以帮助用户了解设备的状态、排除设备故障，
　　　但也可能会引发很多问题。我认为指示灯应该保持简单，
　　　以便用户快速检查设备状态。

Q5：如果我系着腰带回了家怎么办？

A5：不要担心。关闭电源，然后利用微型USB充电器为腰
　　　带充电，并记得第二天上班时将其带回工作场所。

D5：坦白地讲，我们很高兴听到这个问题。这充分表明，
　　　在有些时候，人们会在不经意间忘记自己是系着这一
　　　产品的。就任何安全设备或穿戴设备而言，生产商的
　　　目标之一就是确保它不会对用户造成困扰。从设备的
　　　接受度、形态、舒适度和功能考虑，它应当符合人们
　　　的使用习惯。通过这个问题，我们看到该智能腰带就
　　　像其他任何腰带一样，会让工作中的员工不经意间忘
　　　记它的存在。

Q6：该腰带监测哪些类型的活动?

A6：人的位置、人的移动和周边环境。莫德朱尔智能腰带内置 8 个传感器以及 GPS。传感器的数据经过处理，会被归入 7 类活动中的一类，然后被细分为具体的指标——该类指标总共约有 50 项。

D6：在我看来，这个问题的要点在于它被直接或间接问及的次数。人们想知道该腰带是做什么的以及收集哪些类型的数据。这些信息是产品数据模型和新功能的重要驱动因素。

Q7：该腰带的最终目标是什么?

A7：莫德朱尔智能腰带的最终目标是让工作场所变得更安全。每一个人都应该安全上班、安全下班。无论是利用群体的汇总数据改进流程，或利用数据验证是否购买新的更安全的设备，还是利用数据了解哪些群体更容易产生工伤，该智能腰带都是一个极好的工具，因为它可以收集先前难以收集的数据。

D7：该问题的回答也涉及透明性和信任。这是我们经常被员工问起的一个问题。当然，具体问法上可能略有不同，但他们就是对系这样一条腰带的意义感到好奇。有些时候，他们是从短期解决方案的角度去看待和理解的，比如逐周改进弯腰计数功能，而另一些时候，他们则是带着更大的目标去问的，比如公司是不是可以购买真空升降机或其他辅助类起重设备来帮助装箱或拆箱。

Q8：该腰带需要系多长时间？

A8：这个问题的答案因应用场景而异，但一般来说，使用时间越长越好。尽可能长时间使用该腰带，因为这可以产生可靠的数据集，进而将其用作目标阈值或改进数值。再者，该数据集的趋势线还可以帮助跟踪所有指标的进展。

D8：我们有两类企业客户：第一类客户想暂用几个月的时间——将腰带作为训练工具，或用于流程改进与验证；第二类客户想长期使用该腰带，持续监测员工的安全状况。

Q9：腰带为什么会发出蜂鸣声（或振动）？

A9：腰带振动是一个可配置参数，旨在为用户提供即时反馈，表明某一动作可能被他或她的组织认定是存在风险的。

D9：我们在这方面收到了很多非常好的反馈。最开始的时候，如果用户弯腰超过 60 度，我们设定的是腰带每隔 5 分钟振动一次，因为我们不想给用户造成"太多干扰"。然而，同一个问题在不同时间被多次提出：如果我们通过振动这种方式来为员工提供即时反馈，使其注意某一动作，那么在每次出现问题时，腰带都应该发出警示。

时间一长，员工就会意识到问题所在，并会在工作期间排除这些危险动作。

Q10：可以把工具挂在腰带上吗？

A10：可以。腰带右侧实际上是尼龙带，任何东西都可以夹在或挂在上面。

Q11：我如何分辨哪条腰带是我的？

A11：腰带背面设有一个名牌插口。如果工装规定允许，员工在这方面还可以发挥创意。我们见过一些员工在腰带搭扣处贴上了彩色胶带，以达到快速分辨的目的。

D11：这是我们一直在探索改善的地方。我们考虑在尼龙带上缝上行业标准尺寸的彩带，帮助员工识别自己的腰带。

Q12：我每天都需要系同一条腰带吗？

A12：是的。一个人对应一条腰带。

D12：腰带可以重新分配给不同的人，但不鼓励每天都更换使用者。这涉及强化用户管理和提升排班灵活性的问题。莫德朱尔认为，如果某种设备更换起来过于麻烦或耗费时间过长，那么用户就会感到厌烦，进而放弃使用。用户体验（腰带及其设置或配置）应该是易操作且不费力的。

针对直接主管的常见问题

Q16: 我如何查看数据?

A16: 作为主管,你可以访问主管级数据中心,查看所有员
工及其相关指标的汇总数据。

D16: 在一个组织内,查看数据的权限分为三个等级。第一
级是员工,可以查看个人数据。第二级是主管,可以
查看所属团队的汇总数据。第三级是风险经理,可以
查看不同团队的汇总信息,包括主管信息、位置信息
和岗位信息。就这个问题而言,我认为还可以再进一步,
强化数据查看的便捷性。每个人都是全职工作,所以
能轻松查看数据很重要。

Q17: 哪些方面的数据会被收集?

A17: 参见 Q6。

Q18: 我可以查看我的团队的数据吗?

A18: 可以。参见 A16。

D18: 莫德朱尔认为,智能腰带最大的好处之一是,可以同
时了解各团队的数据。通过这些数据,我们很快就会
发现特定工作岗位是否存在异常值。如果团队中存在
异常值(比如弯腰超过 60 度),则可视为"预损指标"。
所谓预损指标,是指这名员工目前尚未受伤,但如果
保持这种状况,那么他或她受伤的可能性将大于同团

队的其他人。

Q19：我可以从数据中心导出相应数据吗?

A19：可以。数据中心的数据可以导出并可转换为 CSV（字符分隔值）格式文件。此外，你也可以通过应用程序接口访问相应数据。

D19：对技术人员和编程人员来说，应用程序接口是一个访问数据的便捷方式，但问题在于很多主管甚至不知道什么是应用程序接口。莫德朱尔投入大量时间和精力设计数据中心的用户接口，尽可能让更多的用户感到满意。遗憾的是，我们知道有些人会提出新的一次性的请求，所以我们的目标是确保主管随时都能访问数据，即便是那些缺乏基本技术知识的主管。数据中心设有一个数据导出按钮，任何指标都可以被导出并转换为电子表格形式。

Q20：我可以打印在线创建的数据表吗?

A20：可以。数据中心的所有图表和报告都可以打印。

D20：这是一个很棒的想法，提出者是我们的一个企业客户的主管。该客户在办公区设有安全布告栏，用于张贴所有相关的安全信息。将相关数据打印出来，不仅有助于增进用户对智能腰带的了解，而且会增加该设备在整个组织内的曝光率。

Q21：如何处理员工的抵触情绪?

A21：就这个问题而言，不同的组织有不同的处理方法。

D21：我个人的看法是，在员工使用智能腰带的问题上，团队内部要有包容性，这有助于建立一种产品文化。如果团队中的大多数人都使用腰带，那么其他人也会使用腰带。我们是在一家大型航空公司的试点项目中发现这一点的。在该项目中，最初只有两个人使用智能腰带，然后增加到 10 人，而现在则增加到了两个团队的近 70 人。当团队中的大多数人都使用腰带时，他们就会密切关注彼此，促使每一个人都担起责任，但如果只有几个人使用腰带，他们就会问："为什么其他人不使用而我必须使用呢?"另一个处理员工的抵触情绪的方法是，将使用腰带纳入全公司的安全计划，同时将数据趣味化，创造一种基于数据的竞争氛围。在这方面，莫德朱尔已经做了很多尝试，而相关成果也已经被运用到主题为"成功试点的关键"的讲座中。

Q22：该智能腰带是莫德朱尔推出的唯一可用产品吗?

A22：是的，目前仅有这一款产品。

针对风险经理（负责安全事务的副总裁）的常见问题

Q28：如何将这些数据转化为可行性见解？

A28：这个问题的回答涉及多个要素。第一，对公司特别感兴趣的活动，可建立定制化的数据中心和警报体系。第二，主管和下属员工的主动参与，会增强组织对相关数据及个人行为的全面了解。第三，智能腰带会为用户提供某一可配置指标的实时触觉反馈。

D28：相对而言，这不是一个常被提及的问题，但我们认为它很重要。当我们跳出试点项目或走过概念验证阶段并开始接大订单之后，我想我们会经常遇到这个问题。智能腰带既要成为推动变革的工具，又要成为强化安全的工具。基于不同的指标数据，公司应该从小处着手，找准切入点，坦诚面对并全力解决问题。过多的数据会给人一种无从下手的感觉。主管、安全专员和人体工学专家要积极行动起来，利用智能腰带的触觉反馈功能，让用户警惕危险动作。另外，主管也要深入了解下属员工面临的工作风险，推动组织做出改变。在打造数据中心和开发用户接口的过程中，这是我们时刻都牢记的一个问题。发现问题很容易，但我们可以进一步利用这些数据查明问题原因，或者把数据作为一个起点，最终使我们能够采取纠正措施。

Q29：这些信息可以用于损失前应用场景和损失后应用场景吗？

A29：可以，这两种应用场景都可以使用。损失前应用场景与D18中提到的应用场景类似。损失后应用场景则是指员工重返工作岗位后的情形，即通过智能腰带确认或证明复工后的员工是否遵循医嘱。

针对IT部门的常见问题

Q32：智能腰带是如何工作的？

A32：从IT人员的角度看，这个问题更多关于该设备如何传输数据。简单来讲，它是通过无线网络传输的。具体来讲，在该设备无法连接无线网络时，数据会存储在内存卡中，待轮班结束后再批量上传数据。

D32：当所使用的智能腰带数量在10~20条时，数据传输并不是什么大问题。不过，与IT部门就此进行的讨论，为我们提供了宝贵的见解。在设计下一代产品时，我们会确保我们的产品能与更多的无线网络标准和网络兼容。这个问题给莫德朱尔上了重要的一课，那就是它目前的无线网络传输功能只能勉强算"及格"，而客户的反馈推动了公司进一步提升产品的网络连接功能。

Q33: 智能腰带的数据如何被传输到云端？

A33: 通过基于行业标准加密的MQTT（消息队列遥测传输）端口（8883）。

D33: 对IT人员来说，他们真正想听到的答案就是数据以及数据的传输是加密的。这有助于推动使用行业标准协议，因为在值得信赖的协议之上才能建立起信任。

Q34: 智能腰带的数据及数据的传输是否加密？

A34: 是的。

D34: 在数据加密问题上，没有太多需要讨论的。我们的客户只想确认一点，那就是数据的传输和存储都是加密的。

Q35: 智能腰带使用哪种加密技术？

A35: 在数据处理的不同阶段，采用了不同的加密技术。

Q36: 智能腰带的数据存储在哪里？

A36: 美国弗吉尼亚州的亚马逊AWS设施中。

D36: 在这个问题上，莫德朱尔发现了一个有趣的事实，即部分客户反对将数据存储在国外设施中。

Q37: 智能腰带如何连接网络？

A37: 智能腰带有多种网络连接方式。在进行初始设置时，可通过网络数据中心设置程序或固件中的代码来连接网络。在初始设置完成后，数据中心会直接将无线网络证书发送至智能腰带。

D37： 这对我们来说是一个持续学习和改进的流程。如果只
　　　是一条智能腰带，我们可以花几分钟的时间把它配置好。
　　　但如果是 1 000 多条智能腰带，我们根本耗不起如此
　　　长的时间。配置速度和配置的易用性一直都是我们全
　　　力改进的两个方面。

Q38： **密码可以定期更改吗？**

A38： 任何时候都可以更改密码。

Q39： **用户证书有何种安全功能？**

A39： 用户 5 次输入错误就会被锁定。

D39： 安全是目前 IT 人员最关心的，而与之相关的事项从如
　　　何加密数据到如何确认用户身份，不一而足。作为企业，
　　　我们要做的就是了解这种状况，并尽最大努力保护好
　　　客户的数据。

针对法务部门的常见问题

Q41： **数据归谁所有？**

A41： 客户和莫德朱尔共同拥有数据。

D41： 在任何企业，数据所有权都是一个热点话题。每个人
　　　都想拥有数据。作为企业，我们利用数据帮助改进我
　　　们的数据模型。数据越多，模型就越完善。

针对财务部门的常见问题

Q42：哪些方面的数据会被收集？

A42：参见 A6。

Q43：智能腰带的价格是多少？

A43：每条 500 美元（价格可能会有调整）。

Q44：智能腰带是否有预付费模式？

A44：有的，每条腰带每月 20 美元。

D44：在预付费模式方面，我们已经取得了良好进展。我们的大多数企业客户在全面部署智能腰带之前，都希望先试一试，看看效果。这种订购模式让我们获得了一定的现金流，而客户又无须做出太大的财务承诺。

Q45：智能腰带的价格中包含哪些项目？

A45：腰带设备、物联网基础设施、数据模型以及所有数据中心。

问题真多啊！从常见问题范例中，你会发现预测用户和利益相关方提出的问题，是一项耗时、费力且内容涵盖极广的任务。通过这种方式，我们可以发现很多有助于改进产品或产品操作的方法。从用户的角度来全面、彻底地审视产品，则可以避免"任意键"事件再次上演。正如下一章所讲到的，你还可以通过另外一种方式对产品进行更深入的发掘：编写用户手册。

思考题：

1. 对于某个项目或某种状况，常见问题文档是否可以达到提升明确性的目的？

2. 对于有些项目，是否存在因考虑不周而出现问题的情况？

3. 就项目或计划而言，哪些地方最容易出错？编写常见问题文档会有何帮助？

编写用户手册

从客户着手，反向推动工作

至繁归于至简。

——达·芬奇

打造不需要用户手册的产品是组织的终极攻势。根据用户需求精心设计的功能或产品如此显而易见，以至于连使用说明都成了多余的。这让我想起了苹果公司产品的开箱体验，堪称复杂巧妙的极致。埃隆·马斯克曾说："任何需要说明书才能使用的产品都是不完美的产品。"产品应该凭直觉操作，根本不需要用户手册。这就是真正的力量所在。

我们应该全力打造简单易懂、符合人体工学、仅凭直觉而不需要用户手册就能操作的产品或服务。讽刺的是，要达成这一目标的一个重要方法就是，在产品设计之初编写用户手册，并在产品开发之前掌握用户体验地图。

> **方法 47**　如果你无法解释你的产品、服务或功能是如何使用的，那就说明你还没有做好准备工作。事先绘制用户画像和体验地图，并编写用户手册，将有助于获得见解，从而为用户打造更好的产品、服务或功能。在整个开发过程中，这会让你做出更明智的权衡和判断。

用户画像和体验地图

作为一种思维方式和策略，以用户为导向的设计将用户置于各项需求和产品开发的中心。"但除此之外，你还能怎么做？"你或许会问。常见的方法是将某一概念或特定技术作为驱动力，然后附加市场和用户定义。在这些方面，我不是专家，而目的也不是辨别孰优孰劣，但如果将"简易性"作为目标，那么从用户端着手可能是实现这一目标的最佳路径。

在以用户为导向的设计工具包中，有一部分是用来绘制用户画像和体验地图的。所谓用户画像，是指对潜在产品、服务或业务的目标客户进行的深入而广泛的分析。你希望在分析工作完成之后，能够对目标用户有全面的了解。用户体验地图则是指利用用户画像深入了解在服务推出之前、之中和之后用户生活中的所有事件、问题和活动。

通过绘制用户画像和体验地图，你会非常清楚地看到当前用户仍存在哪些尚未被满足的需求，以及潜在用户当前所面临的重大摩擦点。沿着这条直达目标的路径走下去，你会确定相关的细节和优先事项，否则你则有可能错失应对时机或将它们完全忽略。

绘制详尽的用户画像和体验地图是一项艰巨任务。你可能需要多次迭代才能达成目标。（就我个人而言，往往也是尝试不止一次才能获得真正的见解。）在绘制过程中，你可能犯下的最大错误是为炫耀而非产品功能才做这项工作。在初始阶段，不必担心用户画像和体验地图是否完备，而是将重点放在见解的获取上，要与用户交谈，并与那些对你的工作提出疑问和挑战的人一同验证你的发现。

用户手册

在项目初期，为你所提供的服务编写一份初步的用户手册。这将会成为一个强有力的工具。我们在亚马逊开发产品或应用程序接口时常常采用这种方法。

用户手册至少应该针对两个关键客户群：第一，设备或服务的最终用户；第二，如果你正在开发技术产品或服务，那么用户就是你的平台的程序员。

设备或服务的最终用户：你的客户是谁，也就是说，谁将安装、使用、调试产品，并从你的产品中获得反馈？概述产品解压指令、安装过程和更新方式、数据隐私条款、设备的使用和读取方法、网络连接方法。全面考虑产品用户需要采取的重要步骤，并将其纳入贴近现实生活的用户手册。确保这些步骤都是简单、易操作的，因为这会为你或你的团队带来出色的产品创意、用户体验和技术设计。

平台程序员：如果你正在开发技术产品或服务，比如物联网产品，而该产品或服务又是开发者将要使用的，那么它应包含一个允许他们访问、部署、整合和扩展你的产品或服务的应用程序接口。你还需要为开发者编写一份用户手册：阐明应用程序接口的界面，产品或服务所支持的事项，将被发送和接收的数据，同时给出示例代码片段，并概述关键的操作主题，比如如何进行测试、如何维持操作状态以及如何更新。你还需要在这项任务中概述关键的业务术语和使用条款。是否涉及收费？

显然，用户手册的内容还可以进一步增加，将关键岗位的人员纳入其中，比如代表公司的销售人员或代理人员，或者从事维修保养工作的服务人员。

别光说不练

你可以很轻易地宣称，"我们专注于客户"，甚或"我们要成为有史以来最以客户为中心的公司"。这样的宣言当然很棒，但前提是你要把它真正落实到行动上，要投入大量的"非生产性时间"来为尚不存在的产品撰写叙事报告、未来新闻稿、常见问题和用户手册，否则你就是一个在数字化大草原上闲逛的光说不练的人。在美国，有越来越多的人罔顾事实，什么话都讲。但到头来，你还得靠行动说话。

加州大学洛杉矶分校的传奇棒球教练约翰·伍登有一句名言："对一个人的品格的真正考验，是看他在无人监督时的所作所为。"你需要问问自己下面这些问题："我真的愿意从客户着手，反向推动工作吗？我愿意遵循客户至上准则吗？我愿意在无人监督的情况下做那些艰苦的工作吗？"唯一能够回答这些问题的人，就是你自己。然而，这些问题的答案对每个人来说都是昭然若揭的，特别是你的客户。在前行的道路上，一定不要忘记这一点。

思考题：

1. 在获取客户相关的见解和强化客户至上准则的过程中，用户画像和体验地图是否扮演了重要角色？

2. 你的产品或服务是否简单易用，已经到了不需要用户手册的地步？

3. 你的领导实践中是否存在一些"光说不练"的地方？

人如其食

通过高管团队阅读清单来推动变革

再怎么锻炼也敌不过糟糕的饮食习惯。

——无名氏

我已经 50 多岁了，但在饮食上还像青少年。虽然我热爱运动，但我从不注重饮食健康，完全无法抵挡饼干和糖果的诱惑。

大脑运行也遵循类似的原则。你可能列了一个训练计划，却没有意识到你的大脑被灌输了什么。均衡的脑力营养至关重要，而最大限度地减少"糖分"的摄入，比如无处不在的网络点击诱饵，是确保大脑保持清醒的必要条件。

"好像我们还不够忙似的？"你嘟囔道，"现在这个家伙是要给我的高管团队推荐一个读书俱乐部吗？"是的。正如我在本书中不断提及的，在通往真正转型的战略路线图中，你要为你自己以及你的组织培养新的习惯，其中就包括如何跟你的直属团队合作。每一位高管都口口声声说终身学习是必要的，但又有多少人在这方面言行如一呢？提升你所消化的内容的质量，并以此推动组织变革。这同样也是帮助你在数字时代赢得竞争的重要工具之一。

这个工具，我称为"阅读清单"，但也包括播客内容。开展集体活动的方式多种多样，比如召开每周一次的讨论会、让人撰写书评、邀请作者做讲座或举办读书分享会。

方法
48　　践行终身学习的领导力目标，有助于你的团队培养新的习惯，并以不同的方式参与竞争。通过成立读书俱乐部、制作阅读清单或举办系列讲座等方式，提升阅读质量，进而推动变革。要与团队中的其他成员分享阅读内容。

亚马逊高管团队读书俱乐部

我在亚马逊工作的时候，公司的高管团队（我不是该团队成员）广泛阅读各类图书，而这种言传身教的方式在整个组织内掀起了读书热潮。布拉德·斯通在其重磅作品《一网打尽——贝佐斯与亚马逊时代》的附录中，列出了杰夫·贝佐斯的部分阅读清单。我只是将其中的两本书加到了我的阅读清单中，即《目标：

简单而有效的常识管理》和《人月神话》。

图书

《目标：简单而有效的常识管理》（1984 年出版），作者：
艾利·高德拉特、杰夫·科克斯

《目标：简单而有效的常识管理》是一本论述约束理论和探讨根本原因的重要图书。它在文体风格方面影响了我，让我以讲述个人故事的方式来传递商业建议。如果我也能写出一本像这本书一样有影响力的书就好了……

《人月神话》（1975 年出版），作者：小弗雷德里克·布鲁克斯

布鲁克斯概述了大型软件开发项目的复杂性，以及适用于其他大型项目的原则。该书会影响你对小型团队以及在企业中创建服务的看法。

《终极算法：机器学习和人工智能如何重塑世界》（2015 年出版），作者：佩德罗·多明戈斯

佩德罗·多明戈斯揭开了机器学习的神秘面纱，并展示了一个令人振奋的美妙未来。（沃尔特·艾萨克森）

《刷新：重新发现商业与未来》（2017 年出版），作者：萨提亚·纳德拉

这是一本关于领导力和公司转型的书。

《精益创业》（2011 年出版），作者：埃里克·莱斯

莱斯在这本书中将持续改进、假设检验和重要指标的关键要素结合在一起。

《从 0 到 1》（2014 年出版），作者：彼得·蒂尔、布莱克·马斯特斯

针对故步自封、因循守旧和缺乏创见的思维展开了广泛辩论。蒂尔所追求的是全方位提升想象力和创造力。（《新共和》杂志）

播客

a16z Podcast

无视一些知识分子的势利行为，安德里森和霍洛维茨团队与企业创始人及其他专家在该平台开展了一系列精彩对话。

Internet History Podcast（互联网历史播客）

主持人布莱恩·麦卡洛（Brian McCullough）准备工作做得很出色，访谈嘉宾也都是塑造互联网的专业人士。通过这一播客平台，你可以学到很多与商业模式、创新和互联网历史相关的知识。这是非常棒的访谈，也是非常棒的课程。

Recode Decode（重新编码解码）

卡拉·斯威舍（Kara Swisher）邀请知名嘉宾，谈论创新和硅谷面临的种种挑战。

IoT-Inc. Business Show（物联网公司商业节目）

《物联网公司》（*IoT Inc.*）的作者布鲁斯·辛克莱（Bruce Sinclair）邀请知名嘉宾探讨物联网的技术和实操层面的话题。在成本、价值等实际方面，辛克莱提出了非常精辟的见解。

ETL（创业思想领袖）

ETL 是斯坦福大学发起的一个直播类播客，访谈嘉宾为企业创始人。

你的菜单是什么？

巨浪挑战者、杰出的水手莱尔德·哈密尔顿曾写道："薯条进＝薯条出。这就是规则。"换句话说，改善投入就能提升产出。与他人分享并设立小组共同训练，则会进一步放大这种效应。是的，这需要时间和决心。所有人都认为终身学习和培养公司领导者至关重要。这里给出的就是一个有趣、低成本且富有影响力的方法。现在，那些品客薯片在哪里呢？

思考题：

1. 改善你以及你的团队所阅读的内容，是否会产生影响力？

2. 大家一起讨论所阅读的内容，是否会产生更大的影响力？

3. 你如何将新的思维或逆向思维灌输进你的管理团队中？

财务基础

自由现金流、会计与变革

> 生活就像会计，一切都必须保持平衡。
>
> ——无名氏

亚马逊的年度致股东信一向都很具有指导意义。杰夫·贝佐斯将这些信作为超级麦克风来阐述他的创新观点。2004 年的致股东信展现了较为乐观的基调。在这封信中，贝佐斯强调了会计和自由现金流的重要性，并表示自由现金流是亚马逊致力于追求的目标。

"我们的终极财务指标，也就是我们最想追求的长期目标，是每股自由现金流，"贝佐斯写道，"为什么不像许多其他公司一样，把重点放在收益、每股收益和收益增长上呢？答案很简单：收益不能直接转化为现金流，而股价只是未来现金流的现值，而不是未来收益的现值。"[1]

正如亚马逊领导力准则第二条所阐明的，领导者"会从长远考虑，不会为了短期业绩而牺牲长期价值。他们不仅仅代表自己的团队，而且代表整个公司行事"。要有明智的策略，在定义企业发展与定义损益表及会计时要保持一致。

> **方法 49**　如同各项指标，会计也常被操纵。全面思考如何利用会计推动组织变革。在很多情况下，内部损益表会成为变革的"抑制剂"。

自由现金流基础

作家、华尔街前分析师亨利·布罗吉特于 2013 年 4 月 14 日在美国商业内幕网站回应贝佐斯的年度致股东信，就贝佐斯的长远观点与时下大多数公司专注于盈亏的短视行为做了对比：

> 这种过于关注短期利润的行为，在一定程度上导致了不健康和不稳定的局面，已损及美国经济：美国公司的利润率现在已经超过了历史上的任何一个时期，而它们支付给员工的薪酬却创下了历史最低纪录。与此同时，美国成年人的劳动参与率已经降到了自 20 世纪 70 年代末以来的最低水平。[2]

亚马逊从未将短期利润置于长期投资和价值创造之上，而这一战略在很多人看来是有助于提振整个美国经济。有时候，人们会忽视这样一个事实：在动荡的互联网时代，保持低利润率并刻意避免短期利润是一个明智的策略。低价不仅能提升客户的忠诚度，而且能为竞争降温。如果你想全面挑战亚马逊，仅仅在价值上赶上它是不够的，你必须远远超越它才行。说起来容易做起来难。贝佐斯在亚马逊的价格伞下几乎没有留出任何空间，大多数竞争对手只能在外面淋雨。

"我们已经做过价格弹性研究，"贝佐斯曾经说道，"而研究的结果一直都是我们应该提高价格。之所以没有这么做，是因为我们坚信把价格维持在非常低的水平上，久而久之，我们就会赢得客户的信赖，而从长期看，这确实可以实现自由现金流的最大化。"[3]

这段话中的关键词是"自由现金流"。2013年1月3日，在接受《哈佛商业评论》的采访时，贝佐斯再次谈到了这个话题："利润率并不是我们致力于优化的目标之一。每股自由现金流的最大化才是我们真正想要的。如果可以通过降低利润来实现这一点，我们也愿意这么做。自由现金流是投资者能够利用的资金。"

1999年10月，沃伦·詹森出任亚马逊的首席财务官，也正是从那时起，自由现金流正式成为公司最主要的财务指标。财务部门将重点从利润率转向现金利润率。贝佐斯总是大笑着抛出他的名言:"利润率无法用来支付电费账单——现金才行!"紧接着,他会提出一个问题:"你想打造一家市值2亿美元、利润率为20%的公司,还是一家市值100亿美元、利润率为5%的公司?我知道我想要哪个!"[4]然后又是一声大笑。

在2004年的致股东信中,贝佐斯解释说,他之所以喜欢自由现金流模式,是因为该模式可以提供亚马逊在业务(主要为零售业务)运营中产生的实际现金的准确视角——这些现金可以自由支配,可以用在很多地方。[5]在亚马逊的模式中,要将资本支出从现金流总额中扣除。这意味着这些现金可以用来推动企业成长,比如增加新的类别、创造新的业务、扩大技术规模或清偿债务。当然,额外的现金也可以以股息的方式回馈给股东(从未认真考虑过),或以股票回购的方式回馈给股东(存在这种可能性,但极小)。

贝佐斯始终认为,如果一家公司缺乏持续创新,它就会陷入停滞。而谈及创新投资,它的一个主要来源就是自由现金流。亚马逊坚持并深入践行这一理念,成功催生了其他功能,比如强大的高度准确的单体经济模型。作为一种工具,单体经济模型可以让商家、财务分析师和优化建模师(亚马逊所称的"定量分析专家")了解不同的购买决策、程序流程、履行路径和需求场景是如何影响产品的利润贡献的。反过来,这又可以让亚马逊了解这些变量会如何影响自由现金流。很少有零售商能够掌握如此详细的产品财务信息，因而在优化经济效益方面，就很难做出有效的决策，也很难开发出有效的流程。但亚马逊不同，利用单体经济模型提供的信息，它可以确定所需仓库的数量以及仓库的设立地点，快速评估和回应供应商的报价，准确衡量库存利润的状况，以及精细计算特定时间内持有单位库存的成本，等等。

亚马逊的短期投资者可能会抱怨，认为这家公司应该"赚更多的钱"，但贝佐斯不为所动，仍致力于打造世界上最具优势、最持久和最具价值的企业之一。与此同时，互联网泡沫时代的很多公司已经灰飞烟灭，而最主要的原因就是过于强调短期利润，在长期价值创造方面投资不足。

贝佐斯曾经这样解释："从长远来看，客户和股东的利益是一致的。"[6]这就是亚马逊取得巨大成功背后的哲学。

达尔文式死亡

为对抗所谓的亚马逊效应，各大零售商纷纷利用旗下实体店，通过互联网、移动设备和店内资产来打造新的购物体验和服务场景。在这种常被称为"全渠道"的销售模式中，关键场景包括"线上订购，门店取货"、"线上购买，门店退货"和"门店购买，送货上门"等。

亚马逊的一位前高管现就职于某大型零售商，担任首席数字官。他最近告诉我，他想发起一项小规模的地区试点计划，让客户在线订购日用百货，然后到门店取货。此举非常适合忙碌的父母！猜猜看是什么阻碍了试点计划的开展。会计、指标和狭隘的思维。门店经理和地区负责人之所以拒绝这一计划，是因为它有可能对损益表产生负面影响，而损益表又直接关系到他们的奖金和业绩考评。说服大企业开展试点活动向来是很难的。但如果你不想承受贝佐斯所称的"达尔文式死亡"，那么你就不要让内部损益表成为你的敌人。你还有很多真正的障碍要清除。我曾在安迈企业咨询公司工作多年，我的上司汤姆·埃尔森布鲁克（Tom Elsenbrook）就常说这样一句话："给我看看你们公司的损益表，我会告诉你问题出在哪里。"

亚马逊是如何规避这一点的呢？假设你是亚马逊尊享会员业务损益表的负责人，如果你把所有的运输成本、内容成本和广告成本全都计入损益表，那么这个损益表将会非常糟糕。然而，亚马逊看到了尊享会员业务的战略重要性。因此，公司并未将优化该损益表作为目标。相反，它专注于优化整个企业的长期自由现金流。亚马逊怎么知道这是正确的策略？

这就引出了本书的最后一个主题。

思考题：

1. 你的会计或损益表结构，是否曾导致糟糕的或次优的思考？

2. 与会计相关的激励措施或内部政治，是否给公司创新增添了额外障碍？

3. 不同的财务方法如何帮助你实现更好的创新？

> 要持续保持谦虚的学习态度，不可傲慢。傲慢令人厌烦。
>
> ——吉米·艾欧文

亚马逊连续 3 年荣登哈里斯民意调查年度企业声誉指数排行榜榜首。在咨询公司高德纳的供应链调查中，亚马逊被评为"供应链大师"，同等级的还有苹果和宝洁等公司。在德鲁克研究所依照 37 个指标评选的"企业管理 250 强"中，亚马逊名列第一。在美国客户满意度指数（ACSI）互联网零售类别中，亚马逊连续 8 年蝉联冠军。这就是所谓的好运连连，我甚至都没有提到亚马逊的股价。

相比之下，在曝出剑桥分析公司的丑闻之后，脸书的马克·扎克伯格还得到国会做证，回答政界人士提出的问题，比如公司缺乏管理，再比如公司明显无力防范不法分子入侵其平台。

场面让人不忍直视。这个可怜的家伙显得局促不安，但你很难同情起他来。扎克伯格之所以陷入如此尴尬的境地，或许是因为傲慢，也可能是因为天真，或者两者兼具。但有一点是确凿无疑的，那就是他犯了一个不可原谅的错误：他辜负了客户的信任。这导致公司品牌严重受损。

就我在亚马逊的工作经历来看，没有什么比建立和维系客户的信任更重要的了。亚马逊领导力准则第一条指出，"领导者……赢得并维系客户对他们的信任"。我们心里非常清楚，客户的信任等同于品牌和企业。这一点至关重要。这是关键，也是底线。创造客户体验是一个永无止境的过程，其中就包括兑现你对客户的品牌承诺。

方法
50
谨防傲慢和对商业的乐观假设。你的品牌就是你对客户的承诺。一定要非常清楚地了解这一点，并把它（对客户的承诺）作为一切事务的核心。综合利用智能产品和数字产品，你可以赢得、维系和衡量客户的信任。

什么是信任？

当我还在亚马逊工作时，我们把"对客户的承诺"作为赢得客户信任的核心。"承诺"意味着正确的商品在正确的时间以正确的状态被送至正确的地址。在我们开发商城业务并扩大其规模时，那些位于亚马逊配送网络之外的独立卖家，各自为各自的客户送货，而在我们看来，上述"承诺"亦适用于这些独立卖家的零售订单。要知道，客户才不关心（也不需要关心）他们的商品是从亚马逊还是从亚马逊平台的第三方卖家购买的。

没错，我们可以相信我们的卖家会做正确的事情，但我们坚持的是"信赖但验证"的思维模式。我们要求卖家通过亚马逊系统管理其与客户的沟通记录，以便我们能够了解相关情况。此外，我们还要求卖家向亚马逊发送发货提示信息，以便我们追踪包裹的发出时间以及通过快递服务商送达的时间。我们还追踪客户投诉情况、因商品问题而退款的情况以及缺货的情况。

换句话说，我们追踪"承诺"的方方面面。这也使得在亚马逊平台销售商品成为一种精细的交易编排，其复杂程度远超过易贝。结果就是，这使卖家入驻亚马逊商城的步伐放缓，因为我们对他们提出了更多的要求。再者，我们将 A-to-Z 索赔措施的覆盖面扩大到所有订单。起初，这一措施的扩张在内部遭到了强烈抵制，因为管理成千上万的卖家涉及广泛的财务和程序问题。但这是真正的关键所在。

成功企业的衰退

2005 年底，我离开亚马逊，加入总部位于纽约的安迈企业咨询公司，任常务董事。安迈是一家顶尖的专注于业务重组的咨询与顾问公司，擅长帮助客户解决经济周期中的种种挑战。当然，我们也有业务非常健康且未曾陷入危机的企业客户。我特别愿意同那些致力于业务重组的客户以及私募股权客户合作，因为他们通常都很谦逊，且全力推动变革，而不是紧盯着过去不放。一般来说，这些企业客户及其领导团队是真心谋求改变的；他们着眼于未来，愿意接受转型带来的阵痛，且急于摆脱过去那些传统的束缚。

相比之下，那些成功的大型企业反而是最棘手的客户。对于创造长久变革和提升企业价值的努力，这些客户往往持抗拒态度，因为其中大多数沾染了沃伦·巴菲特所说的"公司衰退的三大原因——傲慢自大、官僚主义和自鸣得意"[1]。傲慢自大、官僚主义和自鸣得意的警示信号之一，就是公司把提升经营业绩放到了比维系客户信任更重要的位置上。如果短期财务结果的重要性超过了做正确的事情（通过实施业务管控措施来加强对客户的保护）的重要性，那么公司品牌就会受损。

以美国征信业巨头 Equifax 2017 年大规模数据泄露为例。该事件反映了该公司领导者应对措施的糟糕和问责制的缺乏，是近年来大公司管理不善的典型案例之一。"在大规模数据泄露事件发生一个星期之后，应对无力、表现拙劣的 Equifax 终于确认，攻击者在 5 月中旬通过一个网络应用漏洞侵入了它的系统，而这个漏洞早在 3 月就可以打补丁。换句话说，这家征信业巨头有长达两个多月的时间可用来采取预防措施，保护 1.43 亿名客户的信息不被泄露。但它没有做。"《连线》杂志报道称。[2] 此外，该公司拖了 6 个星期才向公众通报这一事件。无论从哪方面讲，这都是企业失去客户信任的典型案例。

你的承诺是什么？

你对客户的承诺是什么？你的品牌代表着什么？高度可靠？低成本？流行风格？持久耐用？个性化服务？设计？任何品牌都有很多潜在的构成要素，但你必须能够概述并按重要性列出这些要素。这就是你对客户的承诺。但不要止步于此，而是开发相应的体系与方法，对这些要素进行衡量和管理。积极主动地寻找最有可能对用户产生影响的风险，提前做好应对准备，并设法对这些风险进行监控。这通常都需要真正意义上的创新，最终亦有可能带来好处!

当贪婪和自鸣得意开始侵蚀领导层时,无论是多么伟大的品牌、公司或文明,都终将陷落。我深知这一点。1999 年,我成为安达信会计师事务所一名年轻的合伙人。幸运的是,我在安然事件发生前一年离开了这家事务所。彼时,安达信对客户的承诺是"直思、直说",这意味着我们的建议和服务是不谋私利的,但该承诺并没有被兑现。数字时代给我们带来了很多挑战,但也让我们有了更多的方法和工具去管理这些挑战。

接下来要讲的,就是你等待已久的那 ½ 个方法。

思考题:

1. 你的公司内是否出现了傲慢自大、官僚主义和自鸣得意的信号?

2. 你的品牌代表着什么?

3. 你对客户的承诺是什么?你是否积极衡量这一承诺?

原则不是海报
速度、敏捷性和数字领导力

方法
50½

我认为重要的是用第一原理而不是类比来进行推理。在日常生活中，我们通常是用类比——我们这样做事，是因为其他事是这样做的，或者其他人是这样做事的。而在第一原理下，你会深入探究最基本的事物原理……然后由此开始推理。

——埃隆·马斯克

同任何其他行业一样，管理咨询行业也有一台旨在持续激发市场兴趣、创造市场需求的营销机器。"数字化转型"这个术语就是由这台机器构思和驱动的概念之一，意在暗示通过适当的评估和战略的实施，任何公司都能走上数字化道路。

然而，从我过去10年与企业高管共同制定数字化战略和打造数字化文化的经历来看，要想在数字时代赢得竞争，除了实施正确的整体战略之外，企业高管在个人信念、习惯和优先事项上也应该做出相应的改变。但你猜怎样？大多数高管并不是真的想挑战他们对业务的假设、更换他们的运营模式或做出个人方面的改变。他们只是说说而已。

> **方法 50½** 数字化转型的唯一正确路径是，你和你的团队认同、承诺坚持并会产生结果的路径。持久的变革既需要个人做出承诺，也需要组织做出改变，而且两者同等重要。为成为数字时代的领导者，你愿意做出什么改变，以及采取何种不同的行事方式？建立一套基本原则，以将你的公司与其他公司区分开来，同时据此确立团队的合作方式与公司的优先事项。这对获取见解和激励团队来说至关重要。

10年后的亚马逊

可以肯定地讲，到 2029 年，亚马逊的财务、物流、人力和基础设施都还在运行。当然，我们无从获知具体的情况。在这里，冒着极不准确乃至完全错误的风险，我们设想 10 年后亚马逊可能的样子。

从亚马逊 2018 年的财务成果来看，其营业收入约为 2 400

亿美元，而多年来的增长率一直维持在 20%~40%。假设在接下来的 10 年里，亚马逊保持 20% 的增长率，那么到 2029 年，公司的营业收入将会达到 1.5 万亿美元左右。鉴于亚马逊所涉业务的广泛性、开拓新业务的积极性以及驾驭全球市场趋势如电子商务的超强能力，我认为这样的估计可以说是很保守的。

除了惊人的业绩增长之外，我还有哪些预测呢？以下是对亚马逊未来的一些展望。

在某种程度上，亚马逊正发展为一家基础设施公司。在接下来的 10 年里，很多事情都将与打造和优化基础设施有关，以让零售配送更便捷，或通过云计算平台 AWS，进一步推进计算能力的本地化。到 2029 年，亚马逊将运营一支规模庞大的专注于"最后一公里"的配送车队，负责把大量包裹（尽管不是绝大部分）送到客户手中。在该车队中，很多卡车都是自动驾驶卡车，仅由一名操作员负责控制。可持续电力的生产和使用将是亚马逊开展创新的一个重要领域。到 2029 年，亚马逊的 AWS 和全电动卡车车队所需的电力，将完全实现自给自足。顺便说一句，这些全电动卡车也将以自动驾驶车辆为主。此外，亚马逊也将大力进军飞艇和无人机送货领域。我估计，届时亚马逊超过 50% 的包裹将由自动驾驶卡车或无人机配送。

按需生产和适应性强的制造将会成为亚马逊的一项功能和业务（制造业务）。充分满足客户需求的最佳方法是什么？让他们亲自配置和选择他们想要的。最大限度地降低商品库存、退货库存和运输成本的最佳方法是什么？在距离客户较近的地方生产定制化产品。同亚马逊旗下很多最赚钱的业务一样，这也是一个同时为亚马逊和其他方提供按需生产服务的平台——利用"创客运动"的活力，释放数以十万计的设计师和创客的创造力，以制造独特的定制化产品，比如眼镜、服饰和设备。这或许会被称为"亚马逊制造"。我预计，亚马逊将成为世界上最大的服饰制造商和零售商。

到 2029 年，智能助手 Alexa 将成为一个类似于微软视窗系统的主流操作系统，在所有行业的所有语音接口的市场份额将达到 75%。随着语音功能成为强大的界面，Alexa 不仅会成为重要的家居设备，而且会被应用于商业领域，发挥强大力量。

食品杂货也将成为亚马逊的重要业务。到 2029 年，亚马逊将通过在各大都市区发展高科技种植农场，推动农业的革命性发展。这些农场的粮食生产效率将会比当前模式高 100 倍。

亚马逊将拥有或打造一个 5G 蜂窝网络品牌，而尊享会员则将享有一流的始终在线的 5G 数据计划服务。这将在很大程度上重塑当前的无线运营商格局，因为届时 70% 的美国家庭都将会成为尊享会员，其中大多数将使用亚马逊的 5G 网络服务。那么，2029 年亚马逊最赚钱的业务会是什么呢？广告。作为谷歌强有力的竞争对手，亚马逊广告经营数字广告和新一代的店内广告，涵盖亚马逊所有资产和非亚马逊资产。

亚马逊将在医疗保健改革中扮演重要角色，但这个行业的转型届时仍处于初级阶段。亚马逊将设立"便捷诊所"，充分利用新一代功能，让公司员工按需预约医生，当然主要是远程预约。亚马逊还将销售仿制药物，并将为尊享会员推出医疗保健保险计划。

2029 年，贝佐斯将只担任亚马逊董事长。他将卸任首席执行官的职务，转而将时间和财富投入商业太空公司蓝色起源（Blue Origin），该公司将着手建立首个永久太空定居点。亚马逊将面临欧洲主导的、旨在将其拆分为 3 家独立公司［消费者公司（零售）、AWS 和物流公司］的压力，并与之斗争。亚马逊将给出一个新的方案——实际上是将自身拆分为 15 个以上的公司，彼此独立但在同一个股票代码下按照透明运营协议开展管理。这种拆分计划有助于亚马逊避开令人畏惧的"公司衰退的三大原因——傲慢自大、官僚主义和自鸣得意"。

2029 年，亚马逊设在巴西的第四总部正在建设之中。届时，亚马逊在全球范围内将拥有 70 万名员工，这个数字与目前的 50 万相比，变化并不是很大。为什么？因为随着自动化技术在订单履行中心的广泛运用，亚马逊员工数量的增速将会放缓。另外，亚马逊还会开发许多新的管理技术，比如基于智能音箱 Echo 的管理助手。Echo 管理助手将参与所有的管理会议，并在第一时间回顾和确认相关事实与趋势，同时记录各团队成员所做的决策和承诺。

在接下来的 10 年里，亚马逊将发生很多改变。比如成长——进入当前尚未涉足的新业务领域，并发展成世界上最大的公司。那么，对亚马逊来说，又有什么是不会变的呢？领导力准则不会变，并将继续定义亚马逊对所有员工的期望。本书所讲的 50 个方法也不会变，并仍将居于亚马逊核心文化的中心位置：指标，卓越运营，大处着眼、小处着手，以及客户至上。2029 年，亚马逊仍会把自己视为第一天公司，继续将长期优化目标置于短期结果之上，坚持创新简化，强化问责制，避免官僚主义滋生。亚马逊还将继续维持其对员工近乎荒谬的超高标准。亚马逊仍会被视为一个要求严苛但令人向往的工作场所。

个人习惯

不仅新习惯难以养成，旧习惯也难以打破。我 2019 年尝试戒掉甜食，可以说还算成功，但到年底，我会养成一个新习惯，还是会中途放弃并照旧做一个嗜甜食如命的中年大叔呢？

本书所讲的亚马逊的很多方法，都需要个人承诺。你需要成为首席产品官。你需要花时间设计合适的指标。你需要花时间撰写和编辑叙事报告。你会承诺做这些事情吗？促成改变的最佳方法，是关注你以及你的直属团队的种种习惯。要想取得成效，你至少要花一年的时间来培养新习惯或打破旧习惯。

推动组织变革需要付出巨大的努力，而且风险往往很高。即便是将变革流程称为"新方案"，也会给人一种"临时措施"的感觉。那些不愿意改变的人知道自己可以坚持更长的时间，进而让承诺落空。如此一来，他们便静待时机，直到每个人都失去注意力并屈服于组织的无序状态为止。就领导力而言，其所面临的挑战之一就是保持真诚——真正相信并践行你所支持的行为。装腔作势最有害。对所做的承诺，一定要身体力行。

亚马逊的领导力准则之所以有效，是因为它们反映了真实的亚马逊。虽然亚马逊的很多想法是借鉴来的，但它们都经过了多年的锤炼和实践，才最终作为领导力准则被编成公司正式文件。我在亚马逊工作时，这些准则甚至还没有落在纸面上。然而，整个组织上下，每个人都在遵循并践行。在这一过程中的某个时刻，领导团队决定编纂文件。我可以想象他们在遣词造句上展开的激烈辩论。直至今日，亚马逊仍在持续审视和改进这些准则，因为它们需要与时俱进。毕竟，在亚马逊，每一天都是创业第一天。

即便是明智的领导者，也可能会突然宣布："从现在开始，这就是我们的运营模式。"这是很常见的事情，也是完全可以理解的。虽然这么做引人注目，但这种"通过宣告来推动变革"的传统方法是行不通的。组织转型不是魔法，它不是自发性的，也不是轻易就能实现的。

本书所讲的 50 个方法都是实实在在的信念、策略和技巧，是亚马逊用以打造和管理当下让我们所有人都感到敬畏乃至恐惧的事业帝国的法宝。但这并不意味着它们也都适合你。要全面思考、审慎决策，也要保持真诚和耐心，唯有如此，你以及你的企业才能做出改变，并在数字时代赢得竞争。

另外½个方法

你已经耐心地看到了最后（也可能跳过了前面的部分！），想必一直在想"另外 ½ 个方法"是什么。对于亚马逊的领导力准则以及公司领导者如何运用这些准则来强化问责制、打造世界一流的业务运营、系统地解决问题、推动创新并提出新的重大业务想法，你可以从这 50 个方法中找到答案。

"另外 ½ 个方法"针对的是一个只有你才能回答的问题：你如何打造真正的数字化企业和数字文化，确保实现亚马逊式的结果，并使之成为最佳数字化企业而不是在数字化颠覆的高速路上惨遭淘汰？

这个方法的另外 ½ 呢？你对上面问题的回答就是另外的 ½。接招吧！

注　释

前　言

1. Charlie Rose, "Amazon's Jeff Bezos Looks to the Future," *60 Minutes*, December 1, 2013.

2. CB Information Services, "Amazon's 'Beehive,' Drone-Carrying Trains Reinforce Focus on Logistics Tech," *CB Insights*, August 3, 2017, https://www.cbinsights.com/research/amazon-warehouse-patent/.

方法 1

1. Beth Billington, "Housing Inventory Reaches Record Low, but Brokers Expect Spring Bounce," *NWREporter*, March 7, 2017, https://www.bethbillington.com/housing-inventory-reaches-record-low-brokers-expect-spring-bounce/.

2. Seth Fiegerman, "Amazon Now Has More Than 500, 000 Employees," *CNN Business*, October 26, 2017, https://money.cnn.com/2017/10/26/technology/business/amazon-earnings/index.html.

3. Todd Bishop, "Amazon Soars to More Than 341K Employees—Adding More Than 110K People in a Single Year," *GeekWire*, February 2, 2017, https://www.geekwire.com/2017/amazon-soars-340k-employees-adding-110k-people-single-year/.

4. Amazon, "Amazon's Urban Campus," *Amazon dayone blog*, https://www.amazon.com/p/feature/4kc8ovgnyf996yn.

5. Steven Levy, "Jeff Bezos Owns the Web in More Ways Than You Think,"

WIRED, November 13, 2011, https://www.wired.com/2011/11/ff_bezos/.

方法 2

1. JP Mangalindan, "Jeff Bezos's Mission: Compelling Small Publishers to Think Big," *Fortune*, June 29, 2010.

方法 3

1. Jeff Bezos, "2016 Letter to Shareholders," *Amazon dayone blog*, April 17, 2017, https:// blog.aboutamazon.com/company-news/2016-letter-to-shareholders.

2. Amazon Leadership Principles, https://www.amazon.jobs/en/principles.

3. Jeff Bezos, "Day One Fund," Twitter, September 13, 2018, https://twitter.com/JeffBezos/status/1040253796293795842/photo/1?ref_src=twsrc%5Etfw%7Ctwcamp%5Etweetembed%7Ctwterm%5E1040253796293795842&ref_url=https%3A%2F%2Fwww.businessinsider.com%2Fjeff-bezos-launches-2-billion-bezos-day-one-fund-for-homeless-2018-9.

方法 4

1. Anna Mazarakis and Alyson Shontell, "Former Apple CEO John Sculley Is Working on a Startup That He Thinks Could Be Bigger Than Apple," *Business Insider*, https://www.businessinsider.com/john-sculley-interview-healthcare-pepsi-apple-steve-jobs-2017-8.

2. Chris Davis, Alex Kazaks, and Alfonso Pulido, "Why Your Company Needs a Chief Customer Officer," *Forbes*, October 12, 2016.

方法 5

1. Jodi Kantor and David Streitfeld, "Inside Amazon: Wrestling Big Ideas in a Bruising Workplace," *New York Times*, August 15, 2015, https://www.nytimes.com/2015/08/16/technology/inside-amazon-wrestling-big-ideas-in-a-bruising-workplace.html.

2. Drake Baer, "Jeff Bezos to Social Cohesion: Drop Dead," *Fast Company*, October 17, 2013, https://www.fastcompany.com/3020101/jeff-bezos-to-social-cohesion-drop-dead.

方法 6

1. Jocko Willink, "Extreme Ownership," TEDxUniversityofNevada, February18, 2017, https://singjupost.com/jocko-willink-on-extreme-ownership-at-tedxuniversityofnevada-transcript/.

2. Jay Yarrow, "Steve Jobs on the Difference Between a Vice President and a Janitor," *Business Insider*, May 7, 2011, https://www.businessinsider.com/steve-jobs-on-the-difference-between-a-vice-president-and-a-janitor-2011-5.

3. Matt Rosoff, "Jeff Bezos 'Makes Ordinary Control Freaks Look Like Stoned Hippies,' Says Former Engineer," *Business Insider*, October 12, 2011, https://www.businessinsider.com/jeff-bezos-makes-ordinary-control-freaks-look-like-stoned-hippies-says-former-engineer-2011-10.

4. 截至 2017 年 11 月，按设施类型划分，亚马逊履行中心在美国的总占地面积（以百万平方英尺为单位）。*Source:* Statista, "Amazon: Statistics & Facts," https://www.statista.com/topics/846/amazon/.

5. 从 2014 年第一季度到 2017 年第四季度，亚马逊网络服务收入同比增长情况。*Source:* Statista, "Amazon: Statistics & Facts," https://www.statista.com/topics/846/amazon/.

6. Amazon, "Amazon Compute Service-Level Agreement," https://aws.amazon.com/ec2/sla/.

方法 7

1. Adam Lashinsky, "Amazon's Jeff Bezos: The Ultimate Disrupter," *Fortune*, December 3, 2012.

2. *W. Edwards Deming Institute Blog*, https://blog.deming.org/w-edwards-deming-quotes/large-list-of-quotes-by-w-edwards-deming/.

方法 8

1. "FYIFV," *Wikipedia*, https://en.wikipedia.org/wiki/FYIFV.

2. Jodi Kantor and David Streitfeld, "Inside Amazon: Wrestling Big Ideas in a Bruising Workplace," *New York Times*, August 15, 2015, https://www.nytimes.com/2015/08/16/technology/inside-amazon-wrestling-big-ideas-in-a-bruising-workplace.html.

3. 同上。

4. Ian McGugan, "How Buffett Believes Berkshire Can Avoid the ABCs of Business Decay," *Globe and Mail*, March 6, 2015, https://www.theglobeand mail.com/globe-investor/investment-ideas/how-buffett-believes-berkshire-can-avoid-business-decay/article23342395/.

方法 9

1. Todd Bishop, "Amazon Go Is Finally a Go: Sensor-Infused Store Opens to the Public Monday, with No Checkout Lines," *GeekWire*, January 21, 2018.

方法 10

1. Ayse Birsel, "Why Elon Musk Spends 80 Percent of His Time on This 1 Activity," *Inc.*, July 21, 2017, https://www.inc.com/ayse-birsel/why-elon-musk-spends-80-percent-of-his-time-on-thi.html.

2. 同上。

方法 11

1. Neal Ungerleider, "Free Shipping Is a Lie," *Fast Company*, November 2016.

2. Chris Matyszczyk, "Apple Exec Mocks Google Home and Amazon Echo," *CNET*, May 6, 2017.

3. Eugene Kim, "FedEx: Amazon Would Have to Spend 'Tens of Billions' to Compete with Us," *Business Insider*, March 16, 2016.

4. Jonathan Garber, "Foot Locker: We Aren't Afraid of Being Amazon'd," *Business Insider*, August 18, 2017.

5. Berkeley Lovelace, Jr., "Saks President on Artificial Intelligence: 'We Don't Need A.I. in Our Stores.We Have I,'" *CNBC*, January 12, 2018.

6. Jim Finkle, "What on Earth Is 'Cloud Computing'?" *Reuters*, September 25, 2008.

7. Staff, "Mark Hurd Says He Doesn't Worry 'So Much' About Amazon Web Services," *CNBC*, October 2, 2017.

8. Shira Ovide, "How Amazon's Bottomless Appetite Became Corporate America's Nightmare," *Bloomberg*, March 14, 2018, https://www.bloomberg. com/graphics/2018-amazon-industry-displacement/?fbclid=IwAR3TX4ASdtz h3zlcT5NT-t_vJt87QcXGkrVx01AJbMI7ex4iAvQ_NN9LIKM.

9. Max Nisen, "Jeff Bezos: 'Inventing and Pioneering Involves a Willingness to Be Misunderstood,'" *Business Insider*, January 7, 2013, https://www. businessinsider.com/bezos-pioneering-requires-being-misunderstood-2013-1.

10. Alan Deutschman, "Inside the Mind of Jeff Bezos," *Fast Company*, August 1, 2004，https://www.fastcompany.com/50106/inside-mind-jeff-bezos-5.

11. 同上。

12. John Cook, "Jeff Bezos on Innovation: Amazon 'Willing to Be Misunderstood for Long Periods of Time,'" *GeekWire*, June 7, 2011, https://www.geekwire. com/2011/amazons-bezos-innovation/.

方法 12

1. 2015 年，金伯莉·路透与作者的私人访谈。

方法 13

1. Jeff Bezos, "2016 Letter to Shareholders," Amazon.com.

2. Mel Conway, "Conway's Law," Melconway.com, http://www.melconway. com/Home/Conways_Law.html.

3. Nigel Bevan, "Usability Issues in Web Site Design," April 1998, https://www. researchgate.net/publication/2428005_Usability_Issues_in_Web_Site_Design.

方法 14

1. *Quora*, "Does Amazon Give Any Award to Employees for Sending Patents?" answered May 29, 2015, https://www.quora.com/Does-Amazon-give-any-award-to-employees-for-sending-patents.

2. Jeff Bezos, "2013 Letter to Shareholders," Amazon.com, April 10, 2014.

3. 同上。

4. 同上。

5. Day One Staff, "Change for the Better: Why We Focus on Kaizen," *Amazon dayone blog*, Amazon.com, https://www.amazon.com/p/feature/7vgnru22nddw5jn.

6. Bruno Frey and Susanne Neckermann, "And the Winner Is...? The Motivating Power of Employee Awards," *Journal of Socio-Economics*, vol. 46, October 2013, pp.66–77.

7. George Anders, "Inside Amazon's Idea Machine," *Forbes*, April 23, 2012.

8. Laura Stevens, "Jeff Wilke: The Amazon Chief Who Obsesses over Consumers," *Wall Street Journal*, October 11, 2017.

方法 15

1. "Bezos on Innovation," *Bloomberg Businessweek*, April 16, 2008, https://www.bloom-berg.com/news/articles/2008-04-16/bezos-on-innovation.

2. JP Mangalindan, "Amazon's Core? Frugality," *Fortune*, March 26, 2012, http://fortune.com/2012/03/26/amazons-core-frugality/.

3. Jeff Bezos, "1997 Letter to Shareholders," Amazon.com.

方法 16

1. Seth Clevenger, "Travelocity Founder Terry Jones Says Companies Must Innovate or Face Disruption," *Transport Topics*, January 24, 2018.

2. Maxwell Wessel, "Why Big Companies Can't Innovate," *Harvard Business Review*, September 27, 2012, https://hbr.org/2012/09/why-big-companies-cant-innovate.

3. Taylor Soper, "Amazon's Secrets of Invention: Jeff Bezos Explains How to Build an Innovative Team," *GeekWire*, May 17, 2016, https://www.geekwire.com/2016/amazons-secrets-invention-jeff-bezos-explains-build-innovative-team/.

方法 17

1. Jeff Bezos, "2015 Letter to Shareholders," Amazon.com.
2. *Interview: Amazon CEO Jeff Bezos*, YouTube video, 52:53, from *Business Insider's Ignition* 2014. Posted by *Business Insider*, December 15, 2014.
3. 同上。
4. Bill Snyder, "Marc Andreessen: 'I'm Biased Toward People Who Never Give Up,'" *Inc.*, June 30, 2014, https://www.inc.com/bill-snyder/marc-andreesen-why-failure-is-overrated.html.

方法 18

1. Christian Sarkar, "The Four Horsemen: An Interview with Scott Galloway," *Marketing Journal*, October 20, 2017.
2. Jeff Bezos, "2011 Letter to Shareholders," Amazon.com.

方法 19

1. Warren Buffett. "1979 Letter to Shareholders," Berkshire Hathaway, http://www.berkshirehathaway.com/letters/1979.html.
2. Benedict Evans, "The Amazon Machine," December 12, 2017, www.ben-evans.com/benedictevans/2017/12/12/the-amazon-machine.

方法 20

1. Benedict Evans, "The Amazon Machine," December 12, 2017, www.ben-evans.com/benedictevans/2017/12/12/the-amazon-machine.
2. 同上。
3. 同上。

方法 21

1. Andrea James, "Amazon's Jeff Bezos on Kindle, Advertising, and Being Green," *Seattle-PI*, May 28, 2009.

2. Adam Lashinsky, "The Evolution of Jeff Bezos," *Forbes*, March 24, 2016.

3. Amazon, "Leadership Principles," *Amazon Jobs*, https://www.amazon.jobs/en/principles.

4. Bill Chappell and Laurel Wamsley, "Amazon Sets $15 Minimum Wage for U.S. Employees, Including Temps," *NPR*, October 2, 2018, https://www.npr.org/2018/10/02/653597466/amazon-sets-15-minimum-wage-for-u-s-employees-including-temps.

5. Pete Pachal, "How Kodak Squandered Every Single Digital Opportunity It Had," *Mashable*, January 20, 2012.

方法 22

1. Marc Wulfraat, "Amazon Global Fulfillment Center Network," *MWPVL International*, August 2016, http://www.mwpvl.com/html/amazon_com.html.

方法 23

1. Jim Collins, "Best Beats First," *Inc.*, August 2000.

方法 25

1. Jim Collins, *Good to Great: Why Some Companies Make the Leap...and Others Don't*, HarperCollins, New York, 2001.

2. Jeff Bezos, "2014 Letter to Shareholders," Amazon.com.

3. 同上。

4. Jeff Bezos, "2016 Letter to Shareholders," Amazon.com.

5. John Cook, "Jeff Bezos on Innovation," *GeekWire*, June 7, 2011.

方法 26

1. Spencer Soper, "Amazon Will Consider Opening up to 3, 000 Cashierless

Stores by 2021," September 19, 2018, https://www.bloomberg.com/news/articles/2018-09-19/amazon-is-said-to-plan-up-to-3-000-cashierless-stores-by-2021.

方法 27

1. "The Visa," *Seinfeld*, season 4, episode 15.
2. Amazon Press Center, "Wanted: Hundreds of Entrepreneurs to Start Businesses Delivering Amazon Packages," press release, June 28, 2018, https://press.aboutamazon.com/news-releases/news-release-details/wanted-hundreds-entrepreneurs-start-businesses-delivering-amazon.
3. Jeff Bezos, "2014 Letter to Shareholders," Amazon.com.
4. C. K. Prahalad and Gary Hamel, "The Core Competence of the Corporation," *Harvard Business Review*, May-June 1990, https://hbr.org/1990/05/the-core-competence-of-the-corporation.

方法 28

1. Adam Lashinsky, "Amazon's Jeff Bezos: The Ultimate Disrupter," *Fortune*, November 16, 2012, http://fortune.com/2012/11/16/amazons-jeff-bezos-the-ultimate-disrupter/.
2. Orit Gadiesh and James L. Gilbert, "How to Map Your Industry's Profit Pool," *Harvard Business Review*, May-June 1998.
3. "The Boring Company," https://www.boringcompany.com/faq/.

方法 29

1. Emily Glazier, Liz Hoffman, and Laura Stevens, "Next up for Amazon: Checking Accounts," *Wall Street Journal*. April 29, 2018.
2. Brian Deagon, "Amazon Price Target Hike Based on Savings from New Airline Fleet," *Investor's Business Daily*, June 16, 2016.
3. Orit Gadiesh and James L. Gilbert, "How to Map Your Industry's Profit Pool," *Harvard Business Review*, May-June 1998.

4. Alison Griswold, "A Dot-Com Era Deal with Amazon Marked the Beginning of the End for Toys R Us," *Quartz*, https://qz.com/1080389/a-dot-com-era-deal-with-amazon-marked-the-beginning-of-the-end-for-toys-r-us/.

5. Brian Deagon, "Amazon's Booming Apparel Business in Position to Pass Macy's, TJX," *Investor's Business Daily*, December 5, 2017.

方法 30

1. Peyton Whitely, "Computer Pioneer's Death Probed: Kildall Called Possible Victim of Homicide," *Seattle Times*, July 16, 1994.

2. Gary Kildall, *Computer Connections*, available at http://www.computerhistory.org/atchm/in-his-own-words-gary-kildall/.

3. Amazon, "AWS IoT Greengrass," Aws.Amazon.com, https://aws.amazon.com/greengrass.

4. Derrick Jayson, "Remember When Yahoo Turned Down $1 Million to Buy Google?" *Benzinga*, July 25, 2016.

方法 32

1. Jeff Bezos, "2017 Letter to Shareholders," Amazon.com.

方法 35

1. Amazon, *Introducing Amazon Go and the World's Most Advanced Shopping Technology*, YouTube video, December 5, 2016, https://www.youtube.com/watch?v=Nrm Mk1Myrxc&t=11s.

2. Nick Wingfield, "Inside Amazon Go: A Store of the Future," *New York Times*, January 21, 2018, https://www.nytimes.com/2018/01/21/technology/inside-amazon-go-a-store-of-the-future.html.

3. 同上。

4. Elisabeth Leamy, "The Danger of Giving Your Child 'Smart Toys,'" *Washington Post*, September 29, 2017.

方法 36

1. "Secure by Design," *Wikipedia*, https://en.wikipedia.org/wiki/Secure_by_ design.

2. House Committee on Commerce, Science and Transportation, "A 'Kill Chain' Analysis of the 2013 Target Data Breach," March 26, 2014.

3. Rick Dakin, "Target Kill Chain Analysis," *Coalfire* blog, May 7, 2014, https:// www.coalfire.com/The-Coalfire-Blog/May-2014/Target-Kill-Chain-Analysis.

方法 37

1. Samir Lakhani, "Things I Liked About Amazon," *Medium*, August 27, 2017.

方法 38

1. Nick Wingfield, "As Amazon Pushes Forward with Robots, Workers Find New Roles," *New York Times*, September 10, 2017.

2. 同上。

3. 同上。

方法 39

1. "Winchester Mystery House," *Wikipedia*, https://en.wikipedia.org/wiki/ Winchester_Mystery_House.

2. Jacqueline Doherty, "Amazon.bomb," *Barron's*, May 31, 1999.

3. Christian Sarkar, "The Four Horsemen: An Interview with Scott Galloway," *Marketing Journal*, October 20, 2017.

4. Steve Yegge, "Stevey's Google Platforms Rant," October 12, 2011, https:// plus.google.com/+RipRowan/posts/eVeouesvaVX.

5. Christopher Mims, "Why Do the Biggest Companies Keep Getting Bigger? It's How They Spend on Tech," *Wall Street Journal*, July 26, 2018, https:// www.wsj.com/articles/why-do-the-biggest-companies-keep-getting-bigger-its- how-they-spend-on-tech-1532610001.

方法 41

1. James Cook, "Elon Musk: You Have No Idea How Close We Are to Killer Robots," *Business Insider*, November 7, 2014.

2. Steven Levy, "Inside Amazon's Artificial Intelligence Flywheel," *WIRED*, February 1, 2018, https://www.wired.com/story/amazon-artificial-intelligence-flywheel/.

3. Ray Dalio, Alex Rampell, and Sonal Chokshi, "Principles and Algorithms for Work and Life," *a16z Podcast*, April 21, 2018, https://a16z.com/2018/04/21/principles-dalio/.

4. Deloitte, *Artificial Intelligence Innovation Report 2018*, https://www2.deloitte.com/content/dam/Deloitte/ie/Documents/aboutdeloitte/ie-Artificial-Intelligence-Report-Deloitte.pdf.

5. Richard Feloni, "The World's Largest Hedge Fund Is Developing an Automated 'Coach' That Acts Like a Personal GPS for Decision-Making," *Business Insider*, September 25, 2017.

6. Jeff Bezos, "2016 Letter to Shareholders," *Amazon dayone blog*, April 17, 2017, https:// blog.aboutamazon.com/company-news/2016-letter-to-shareholders.

7. Satya Nadella, and Greg Shaw, *Hit Refresh: The Quest to Rediscover Microsoft's Soul and Imagine a Better Future for Everyone*, Harper Business, New York, 2017, p. 210.

方法 42

1. Emmie Martin, "Jeff Bezos Hasn't Always Had the Golden Touch: Here's What the Amazon of Founder Was Doing in His 20s," *CNBC Make It*, August 2, 2017.

2. Jeff Bezos, *Regret Minimization Framework*, YouTube video, uploaded December 20, 2008, https://www.youtube.com/watch?v=jwG_qR6XmDQ.

3. Jeff Bezos, "2016 Letter to Shareholders," *Amazon dayone blog*, https://blog.aboutamazon.com/working-at-amazon/2016-letter-to-shareholders.

4. John Cook, "The Peculiar Traits of Great Amazon Leaders: Frugal, Innovative and Body Odor That Doesn't Smell Like Perfume," *GeekWire*, May 13, 2015.

方法 43

1. Greg Bensinger, "Amazon's Current Employees Raise the Bar for New Hires," *Wall Street Journal*, January 7, 2014.
2. 同上。
3. Ashley Stewart, "Former Amazon 'Bar Raiser' Offers Insight into Hiring Process: What Job Seekers, Companies Can Learn," *Puget Sound Business Journal*, October 27, 2016.
4. 同上。
5. Doug Tsuruoka, "Ex-Amazon Exec Details Company's Tough Hiring Policy," *Investor's Business Daily*, February 10, 2014.

方法 44

1. John Furrier, "How Andy Jassy Plans to Keep Amazon Web Services on Top of the Cloud," *Forbes*, November 27, 2017.
2. Gartner, "Magic Quadrant for Cloud Infrastructure as a Service, Worldwide," May 23, 2018.
3. "Michael Porter," *Wikiquote*, https://en.wikiquote.org/wiki/Michael_Porter.
4. Amazon, "What Is Amazon's Writing Culture?" LinkedIn article, no date, https:// www.linkedin.com/feed/update/urn:li:activity:6423244366495776768.
5. Jeff Bezos, "2017 Letter to Shareholders," Amazon.com.
6. Greg Satell, "How IBM, Google and Amazon Innovate Differently," *Inc.*, October 14, 2018, https://www.inc.com/greg-satell/how-ibm-google-amazon-innovate-differently.html.
7. Jeff Bezos, "2017 Letter to Shareholders."
8. Emily Glazer, Laura Stevens, and AnnaMaria Andriotis, "Jeff Bezos and Jamie Dimon: Best of Frenemies," *Wall Street Journal*, January 5, 2019, https://www.wsj.com/articles/jeff-bezos-and-jamie-dimon-best-of-frenemies-11546664451.

方法 49

1. Jeff Bezos, "2004 Letter to Shareholders," Amazon.com, April 13, 2004, https://www.sec.gov/Archives/edgar/data/1018724/000119312505070440/dex991.htm.

2. Henry Blodget, "Amazon's Letter to Shareholders Should Inspire Every Company in America," *Business Insider*, April 14, 2013.

3. Morgan Housel, "The 20 Smartest Things Jeff Bezos Has Ever Said," *Motley Fool*, September 9, 2013.

4. HBR IdeaCast, "Jeff Bezos on Leading for the Long-Term at Amazon," *HBR Blog Network*, January 3, 2013.

5. Jeff Bezos, "2004 Letter to Shareholders," Amazon.com, April 13, 2004.

6. Jeff Bezos, "2012 Letter to Shareholders," Amazon.com, April 12, 2012.

方法 50

1. Ian McGugan, "How Buffett Believes Berkshire Can Avoid the ABCs of Business Decay," *Globe and Mail*, March 6, 2015, updated May 12, 2018, https://www.theglobeandmail.com/globe-investor/investment-ideas/how-buffett-believes-berkshire-can-avoid-business-decay/article23342395/.

2. Lily Hay Newman, "Equifax Officially Has No Excuse," *WIRED*, September 14, 2017.